Sommaire

On croit ce que l'on veut croire.

Démosthène

Introduction

« Plus vite, plus haut, plus fort ! », entendons-nous lors des jeux olympiques. « Plus belle, plus mince, plus émancipée ! », clament les magazines féminins. « Plus musclé, plus viril, plus macho ! », renchérissent les magazines masculins. « Plus travailleurs, plus performants, plus rentables ! », exhortent les entreprises… « Plus ambitieux, plus intelligents, plus riches ! », promettent les ouvrages de développement personnel…

Ce que nous sommes ne suffit donc plus. Aujourd'hui, pour réussir, il convient d'être plus humain qu'humain, à l'instar de cette lessive qui, hier, promettait de laver plus blanc que blanc. Mais d'où cette tyrannie du « toujours plus » provient-elle ? Pourquoi et pour qui entreprenons-nous tout cela ? Deuxièmement, est-ce efficace ? N'y a-t-il pas un risque avec le « plus humain » de ne plus être tout à fait humain ?

Il est certes naturel de se développer et une bonne partie de notre croissance se fait naturellement. Un certain nombre de connaissances et d'habilités sont également nécessaires pour être libre et penser droit.

« Quand est-ce que le sage arrête d'étudier ? Quand on referme son cercueil », disait Confucius.

Mais au-delà de la tête bien faite ? Avons-nous besoin de nous mettre continuellement sur la pointe des pieds pour essayer de dépasser l'autre, au risque, comme le soulignait Lao Zi, de ne plus arriver à *se tenir droit* ?

Ces questions méritent d'être posées : jusqu'où devons-nous ne pas aller trop loin ? À quel moment le développement se met-il en contradiction avec l'épanouissement ? Le mal-être ambiant n'est-il pas en partie lié à cette course incessante contre soi-même ? **Et surtout : qui a intérêt au « toujours plus » ? L'homme ou bien le *système* ?**

« L'homme est ce qu'il croit », disait Anton Tcheckhov. Y croyez-vous ? Le fait de croire en quelque chose suffit-il à garantir sa véracité ? « Nous sommes ce que nous pensons être », renchérissait Bouddha. Qu'en pensez-vous ? Penser être « plus » me rendra-t-il réellement « plus » ? En vérité, **l'homme croit souvent ce qu'il n'est pas et il est souvent bien loin de croire tout ce qu'il est…**

Les croyances ne sauraient dépasser le stade de la subjectivité. Évidemment, comme ce que je pense influence mon comportement, mieux vaut croire et penser positif. Mais penser au soleil n'empêchera pas les nuages d'apparaître et il ne faudrait pas, lorsqu'ils apparaîtront, s'accuser alors d'incompétence. Croire que le problème n'existe pas ne suffit pas à éliminer le problème. Se cacher les yeux face au mendiant n'éliminera pas la pauvreté. Nier la colère chez soi n'empêchera pas les autres de la subir…

Il était une fois un sage fort sage dont la réputation s'étendait bien au-delà des montagnes tibétaines. Ce sage reçoit un jour la visite d'un riche occidental malheureux (désolé pour le cliché) :

– Ô Vénérable, partage avec moi un peu de ta sagesse !, le supplie-t-il.

– Je veux bien, réponds le sage, mais prenons d'abord un thé.

Le sage saisit la théière et entreprend de verser à son visiteur un thé ambré et délicieusement parfumé dans une tasse remplie d'eau. Évidemment, la tasse déborde et le visiteur s'en étonne. Et le sage de répondre :

– Vous venez à moi pour apprendre, mais vous êtes plein de préjugés. Pour être capable de m'écouter, il vous faut d'abord vider votre tasse mentale. Alors, seulement vous serez réceptif à mon breuvage.

La remise en cause de ses préjugés est une étape difficile dans l'accomplissement de soi. Comme c'est mon avis, il est normal que je le partage ! Contredit par quelqu'un, notre premier réflexe sera la dénégation : « Ce n'est pas possible, ce n'est pas vrai ! » Notre esprit se bloque et, plutôt que d'écouter et de s'ouvrir, se ferme et recherche la faille dans l'argumentaire de l'autre.

C'est pourtant à cet exercice que je vous invite ici. Nous allons passer en revue un certain nombre de mythes, c'est-à-dire de croyances communément répandues et influençant notre vie sociale… qui ne reposent pourtant sur aucune réalité stable. Pire, il s'agit souvent de manipulations qui entravent notre potentiel de bonheur et de liberté. Nous avons été habitués à penser avec mais nous penserions bien mieux sans !

En 1994, alors âgé de 24 ans, j'écrivais un recueil pratique des meilleures techniques du développement personnel : *L'alchimie du succès.* Aujourd'hui, ayant gagné un peu en maturité et constaté les ravages du *toujours plus* je me dois de relativiser les envolées les plus lyriques de ma folle jeunesse. Je me dois de prendre un autre thé !

I.

Le mythe du surhomme et du développement…

La théorie de l'évolution de Charles Darwin, fondée sur la sélection naturelle des plus aptes comme unique facteur de développement (la fameuse « loi de la jungle ») est en train d'être mise à mal par des scientifiques courageux. Pourquoi courageux ? Parce que le dogmatisme serait tel que remettre en cause la doctrine darwinienne serait « la garantie de ne plus publier dans les grandes revues et donc de perdre ses financements de recherche », selon les dires de biologistes anonymes.[1] La loi du plus fort plaît aux puissants…[2]

« Dans notre Union européenne de ce début de siècle, 70 millions de personnes vivent encore au-dessous du seuil de pauvreté. […] Une communauté nationale […] continue de s'affirmer par l'exclusion de l'autre, celui qui est différent, qu'il soit pauvre ou immigré. […] Nos comportements restent guidés par un darwinisme social en vertu duquel on croit que le faible est coupable de son sort et que le fort ne réussit que grâce à ses propres qualités – cela représente un plus grand danger, à mes yeux, que les politiques libérales. », déclare Bronislaw Gemerek, historien de l'exclusion, ex-ministre polonais et député européen.[3] « Darwin n'est pas ici directement en cause, car il s'est toujours gardé d'extrapoler ses thèses biologiques au monde social. », précise le botaniste Jean-Marie Pelt.[4]

Car la loi de la jungle n'est pas une loi naturelle chez l'homme. Complètement vulnérables à notre naissance, nous n'aurions aucune chance de survie sans le soutien des adultes. Sans la collaboration entre les hommes, l'humanité n'aurait jamais connu de progrès ou de civilisation. Le mathématicien Peter Saunders a ainsi calculé que la sélection naturelle n'aurait pas permis de générer la fantastique diversité du vivant sur Terre et plaide pour un nouveau modèle évolutionniste : la coopération entre organismes. C'est aussi l'avis de Paul Nardon, de l'Institut national des sciences appliquées (Insa) de Lyon : « Les organismes ont une tendance naturelle à s'associer [...] la généralisation de la symbiose, au plan zoologique, amène à remettre en cause le concept d'individu. Ainsi, ce que nous appelons une vache ou un homme n'est qu'un conglomérat de plus de 300 espèces différentes ! »[5] C'est la thèse du penseur russe Piotr Kropotkine, dont le livre *L'Entraide, un facteur de l'évolution* (1902) vient d'être réédité et la conclusion de Jean-Marie Pelt : les solidarités, écrit-il, « apparaissent en fait comme le vrai moteur de la vie » !

100 % d'un homme...

Je pense que vous êtes au courant : nous n'utilisons que 10 % des capacités de notre cerveau. Eh bien cette affirmation est fausse ! L'imagerie médicale démontre que nous utilisons au cours d'une journée quasiment tous nos neurones et toutes les parties de notre cerveau. De fait, n'importe quel dommage ou maladie subis par le cerveau est rarement sans conséquence et une perte de 10 à 20 % de ses neurones suffit à avoir des conséquences dramatiques.[6]

D'où vient alors cette conception surnaturelle des pouvoirs cachés de l'homme ? C'est William James, le célèbre psychologue américain, qui énonça cette théorie. Elle fut ensuite reprise par la plupart des manuels de développement personnel, ainsi que nombre de sectes, gourous et même par Einstein : notre cerveau tourne à bas régime et nous avons en nous des capacités prodigieuses de développement. Nous pourrions être intellectuellement dix fois plus que ce que nous sommes !

Pourquoi dix fois ? Pourquoi pas vingt ou trente fois ? Imaginez si vous pouviez augmenter la puissance de votre cerveau par deux ! Ne serait-ce pas déjà fantastique ? Scientifiquement parlant, ces chiffres sont évidemment fantaisistes. Un certain nombre d'ouvrages abusent des superlatifs et promettent des techniques censées nous transformer en géants. Voilà qui n'est pas très naturel… ou très sage. Un cerveau humain produit déjà quelque 50 000 pensées par jour. Serait-il raisonnable d'augmenter encore ce débit ?

« Si nous pouvions augmenter artificiellement les facteurs de croissance neuronale […], il est impossible de savoir si les nouvelles connexions qu'ils induiraient seraient anodines et appropriées »,précise le professeur Steven Rose, l'un des plus grands neurobiologistes au monde et l'auteur d'une vaste étude sur l'inefficacité des *smart drugs* (médicaments censés rendre intelligents). N'en déplaise aux laboratoires pharmaceutiques, aux investisseurs ou aux étudiants (dont 1 sur 5 se doperait avant les examens), rien de novateur n'est encore sorti sur le marché et la supplémentation à coups de gélules ne sert pas à grand-chose au-delà du traitement des carences alimentaires.[7]

« L'industrie pharmaceutique et la recherche fondamentale ont essayé d'identifier des molécules qui pourraient faciliter la mémoire. Globalement, c'est un échec », reconnaît Serge Laroche, directeur du laboratoire de neurobiologie de l'apprentissage, de la mémoire et de la communication de l'université Paris-XI. « Quand je prescris du Sargenor ou du Dubrumil, c'est surtout pour jouer sur l'effet placebo. Ça rassure surtout les parents », avoue un généraliste.[8] Le plus puissant de tous les psychostimulants reste la cocaïne, suivi de la caféine et de la nicotine. Le fait que ces trois produits soient nocifs pour la santé et créent des dépendances devrait faire réfléchir les adeptes de la gonflette mentale…

Évidemment, il est tentant de croire à la pilule du bonheur, de penser que des techniques suffiront à acquérir des neurones. Mais cette idée que nous ne sommes pas *assez* est à la base de complexes et de mal-être. Si je n'utilise que 10 % de mon cerveau, que suis-je sinon 10 % d'un homme ? Et si les techniques ne se révèlent pas efficaces avec moi, cela ne signifie-t-il pas que je suis un incapable ou un bon à rien ?

La figure du surhomme plane au-dessus de nos têtes. Elle nous donne peut-être une perspective mais elle nous fait surtout de l'ombre : « Oh ! que ne puis-je être aussi grand ? » Frustrations de se croire potentiellement surpuissant mais de ne se trouver, en face du miroir, que finalement très ordinaire. Sentiment d'injustice, de honte et donc finalement de mal-être : dans un monde qui honnit l'erreur, demande la perfection et place les hommes en compétition permanente, les frustrations et le stress ne peuvent que se généraliser…

Désolé de vous décevoir, mais il n'existe pas de clé pour ouvrir les portes secrètes de son cerveau et accéder d'un coup à des ressources supplémentaires. Il n'y a pas de « *plus* ». Il n'y a pas de surhommes, de mutants ou de *X-men*. Il n'y a que des hommes et des femmes qui travaillent, commettent des erreurs, les dépassent et finalement réussissent leur vie selon leurs propres critères.

> – *Si avancer en âge n'est pas une occasion de fête, que célébrez-vous alors ?*
>
> – *Le fait de devenir meilleur. Nous fêtons celui qui, par rapport à l'année précédente, est devenu meilleur et plus sage. Comme chacun est seul à pouvoir juger de ses progrès, c'est lui qui dit aux autres que le moment est venu d'organiser la fête.*
>
> Marlo Morgan
> *Une initiation chez les aborigènes*[9]

Dans quelles circonstances arrivez-vous le plus facilement à dormir : quand vous vous ordonnez de dormir ou lorsque le vide se fait dans votre esprit ? Quand arrivez-vous le plus facilement à vous rappeler un nom qui vous échappe : quand vous cherchez ou lorsque vous pensez à autre chose? À quel moment êtes-vous le plus créatif? Quand vous vous abreuvez de dossiers ou dans votre sommeil? « Les artistes, les scientifiques, les inventeurs et les mathématiciens font souvent leurs découvertes les plus innovatrices dans les moments où ils ne se concentrent pas directement sur le problème en question mais se détendent et lui donnent l'espace d'être », rappelle John Welwood dans sa *Psychologie de l'éveil*.[10]

La mobilisation active de ses neurones n'est pas toujours le meilleur moyen d'accéder à son esprit. Ralentir son rythme et prendre du repos sont parfois les meilleures stratégies pour analyser correctement un problème et arriver à des solutions satisfaisantes. Il est erroné de croire qu'il ne se passe rien lorsque nous ne faisons rien : il se passe beaucoup de choses au contraire, au niveau du corps, de l'esprit, des idées et de la qualité de vie!

Un développement impersonnel…

L'expression « *développement personnel* » est rassurante de prime abord : un homme aurait librement décidé de s'améliorer. Si tel est le cas, il n'y a rien à redire : apprendre à *se* changer, à *se* prendre en charge, à agir plutôt qu'à réagir, tout cela est positif! Le développement personnel offrirait ainsi des outils pour se faciliter la tâche et être au contrôle de sa vie. Il viserait le *savoir être* plutôt que le *savoir faire*.

Malheureusement, le complexe va souvent de pair avec l'espoir. Acheter *Comment se faire des amis*, de Dale Carnegie[11] signifie peut-être que l'on a peu d'amis ou, de manière plus pernicieuse, que l'on considère que l'on n'en a *pas assez*. Devant la promesse d'une vie meilleure, serai-je encore capable d'apprécier ma *médiocrité*? Face aux pressions de la société, ne vais-je pas me sentir obligé de me développer ?

« Vous êtes nuls mais, si vous suivez mes conseils, vous pouvez devenir meilleurs », soulignent implicitement les gourous du développement. Entre nous, qui ne le souhaiterait pas ? L'homme possède naturellement le désir d'être reconnu comme quelqu'un de valeur. Jusque-là, il pensait peut-être ne pas trop mal s'en sortir. Et voilà qu'on change les règles du jeu… *Pouvoir illimité !*, annonce même Anthony Robbins : l'étalon de mesure est sans limite et les notations ne valent plus que par rapport au plus accompli d'entre nous (l'auteur du livre en l'occurrence : beau, riche, célèbre et heureux). Bienvenue dans le règne du complexe illimité !

Si la possibilité de devenir *supérieur* existe, ne dois-je pas, afin de conserver mon amour-propre et le respect des autres, le devenir ? Malheur à moi si j'échoue : non seulement je ne serai jamais *supérieur*, mais je serai aussi devenu un *incapable*, un *inférieur*. Dans le jeu du développement, il n'y a pas de retour à la case départ. Dans le jeu de la société, on ne compte plus les *mauvais* joueurs qui, par complexes ou par manque de résultats, préfèrent désormais passer leurs tours…

Ce que je pense être ma liberté de développement ne serait-il donc pas teinté de manipulation ? Le développement personnel ne serait-il pas, au moins dans une certaine mesure, le développement *du* personnel, voire le *dressage* du personnel ? Le devenir *plus* va en tout cas dans la logique consumériste du système économique...

Pour tourner correctement, le *système* a en effet besoin de personnes toujours plus consommatrices, c'est-à-dire condamnées à l'insatisfaction. Le *système* redoute le bien-être des individus : « La sensation de bien-être peut-être l'une des plus désastreuses que nous puissions expérimenter. Qu'arrive-t-il quand on se sent trop bien ? On arrête de se développer, de travailler, de créer de la valeur ajoutée. Ne cherchez pas trop de bien-être. Si vous vous sentez vraiment bien, il y a des chances pour que vous ayez cessé d'avancer », met en garde Antony Robbins à la fin de son livre.[12] Sous cet aspect, le développement personnel devient un mouvement perpétuel, une machine à gaz visant à la rentabilité maximale de l'homme.

Qui détourne l'attention...

Il y a un autre intérêt, pour la ou les sociétés, à mettre l'accent sur le développement personnel : détourner l'attention des vrais problèmes ! Lorsqu'une entreprise fait appel à un coach ou à un psy pour prendre en charge le développement de ses salariés, le message implicite est le suivant : « le problème ne vient pas de notre organisation mais de vous ! » Le socle du message du développement personnel est en effet que chaque individu est responsable de ses problèmes, puisque ce ne sont pas les problèmes qui sont en cause, mais les interprétations individuelles de ces problèmes. « À défaut de changer le monde, je modifie ma perception du monde », disait Jean-Paul Sartre. Oui mais en modifiant ma conception du monde, je n'ai alors plus besoin de changer le monde…

Votre patron est tyrannique ? Vous êtes stressé ? Mais non voyons, c'est vous qui interprétez les signaux de manière erronée ! Dominique Huez, médecin du travail dans une grande entreprise, témoigne de l'intervention des psychologues sur le lieu de travail : « Il y avait un vrai problème, un chef qui abusait de son autorité sur une équipe de femmes. Au lieu d'interroger les relations de travail, ils ont rédigé une série de rapports, transmis à la direction, où tout était mis sur le compte des trajectoires personnelles et affectives des femmes en question. À aucun moment la question de l'organisation du travail n'a été posée ». « Le stress est un symptôme de dysfonctionnement de l'entreprise, pas de la personne. Faire appel à des psys, pour des dirigeants, c'est du pain bénit. Ils ramènent tout à l'enfance, ça veut bien dire que l'entreprise n'y est pour rien. », renchérit Bernard Salengro, médecin du travail.[13] « Les psys interviennent comme des fusibles au moment où pourrait ressurgir le discours de l'exploitation : l'important, si on vous licencie, c'est votre souffrance. On ne peut pas se trouver en même temps dans le cabinet d'un psy et sur un piquet de grève », conclut Jacques Gaillard.[14]

Sous des aspects humanistes, la finalité du développement personnel serait-elle donc d'entériner l'état des choses ? Se changer afin de ne pas changer le monde ? La mode du développement personnel et l'omniprésence des psys ou des coaches seraient-elles les solutions trouvées par le *système* pour mieux faire passer l'amère pilule ?

Le double message : « cessez de vous plaindre, prenez-vous en charge » et « travaillez, enrichissez-vous », laisse en effet peu de place pour la réflexion sur le monde et l'action contestataire. Tout occupé à sa *gonflette narcissique*, l'homme deviendrait individualiste et égoïste. Au mieux, il deviendra un acteur du système. Au pire, un *incapable* conscient de sa médiocrité, trop complexé pour oser hausser le ton et tout juste bon à multiplier les lectures ou les consultations. Rien n'est plus rentable que l'insatisfaction…

La démesure de l'intelligence…

Coluche disait que si tous les hommes étaient égaux, certains étaient plus égaux que d'autres. Nous pourrions le paraphraser en disant que certaines personnes semblent aussi plus hommes que d'autres : ils sont grands, beaux, intelligents, en bonne santé… Nous n'aimons pas être confrontés à ces exemples de perfection : ils nous renvoient à nos propres faiblesses. De là toutes les blagues sur les blondes : « Elle est belle et donc doit être bête ! »

Les tentations de contrôler la nature et de créer une race supérieure ont jalonné l'histoire. La tentative d'eugénisme la plus célèbre eut lieu sous l'Allemagne nazie. Mais aussi *parfaits* que pouvaient l'être ces beaux ariens, ils n'en étaient pas pour autant de bons ariens et ils n'étaient pas génétiquement plus heureux. Le bonheur ne se fabrique pas en éprouvette. Certes, il est sans doute plus facile d'être heureux si l'on a été *gâté* par la nature, mais la relation ne va pas de soi. La réussite, le bonheur ou le bien-être ne sauraient dépendre des centimètres ou du nombre de ses neurones.

> *[Si l'homme veut] toujours être tendu, il n'en sera que plus sot, parce qu'il voudra s'élever au-dessus de l'humanité, et il n'est qu'un homme, au bout du compte, c'est-à-dire capable de peu et de beaucoup, de tout et de rien : il n'est ni ange ni bête mais homme [...] L'homme n'est ni ange ni bête, et le malheur veut que qui veut faire l'ange fait la bête.*
>
> Pascal – *Pensées*

Le mythe du QI est sur le point de se terminer. Cette *mesure* de l'intelligence n'a jamais été très sérieuse de toute façon : lorsqu'un journaliste demanda à son inventeur, le psychologue Alfred Binet, ce qu'il entendait par intelligence, il répondit sans sourciller : « C'est ce que mesure mon test ! » L'intelligence était ce qu'il avait décidé qu'elle serait : ce n'était pas le QI mais le QB ou *Quotient Binet*! Son objectif était au départ de mesurer les défaillances intellectuelles des enfants retardés afin de leur proposer un enseignement spécifique. La mesure se faisait ainsi par la négative : mettre en évidence ce qui manquait. D'un outil scolaire légitime et spécifique, nous sommes progressivement passés à des études comptables et généralisées.

Plus grave, le QI fut détourné par certains pour en faire un instrument eugénique: l'intelligence serait innée et « il est impossible que le niveau d'instruction d'un enfant puisse dépasser ce qui lui est permis par sa capacité à s'instruire », écrivait ainsi le célèbre psychologue anglais Cyril Burt. Dans son livre, Michel de Pracontal raconte comment son étude sur les vrais jumeaux fut en réalité une supercherie: Sir Burt avait inventé la plupart des couples de jumeaux. C'était plus commode pour leur faire dire ce que lui-même souhaitait entendre! Et Michel de Pracontal de conclure: « La thèse de l'intelligence innée constitue la clé de voûte du sophisme majeur de la philosophie libérale conservatrice: 1) les riches doivent leur fortune à leur talent; 2) les enfants des riches héritent [...] de leur intelligence; 3) ces enfants doués réussissent forcément mieux que les pauvres débiles. Conclusion: les riches restent riches, les pauvres restent pauvres, et tout va pour le mieux dans le meilleur des mondes. Comme on dit aux États-Unis: mieux vaut être jeune, Blanc et riche que vieux, Black et Decker. »[15]

Le bonheur ou le bien-être sont pourtant moins une affaire de QI que d'émotions. L'intelligence théorique, mesurée par le QI, n'interviendrait qu'aux alentours de 20 % dans le succès. Les 80 % restants[16] comprendront la connaissance de soi, la gestion de ses émotions et la faculté à l'empathie (le fameux QE, quotient émotionnel, inventé par des universitaires américains), la motivation, l'enthousiasme et l'optimisme qui nous poussent à aller de l'avant (le QD: quotient dynamique, inventé par *myself*[17]), le bon sens, l'expérience et l'ouverture d'esprit (le QP : quotient pratique, *idem*)… Nous pourrions inventer d'autres formulations, mais ces types de mesures sont finalement assez ridicules : en fait, seule la vie permet de mesurer l'intelligence et seul l'individu est capable de mesurer sa propre intelligence. Le critère ultime : le contentement personnel. **Est intelligent, à mon sens, celui qui arrive à bien jouir et profiter de sa vie !**

Des performances physiques démesurées…

Un esprit sain dans un corps sain… Partant de l'idée que ce qui s'applique à l'esprit doit aussi s'appliquer au corps, certaines personnes tentent d'atteindre 100 % de leurs capacités physiques (certains, comme les culturistes, vont même largement au-delà) : les sportifs professionnels. « Qui gagne sur son corps gagne la course ! », déclare ainsi un slogan sportif. Logique, si l'on considère que le mot *athlète* dérive du mot grec *athlos* qui signifie la guerre…

« L'important, c'est de participer » ? Une autre citation du baron Pierre de Coubertin est un petit peu moins plaisante : « L'important dans la vie, ce n'est point le triomphe, mais le combat. L'essentiel n'est pas d'avoir vaincu, mais de s'être bien battu. » Comme le souligne Charles-André Aymon, l'idéal olympique peut ainsi se résumer en ces mots : « Gloire aux forts ! »[18]

Le sport est certainement bon pour la santé, mais pas tous les sports et pas à n'importe quelle dose. À ce propos, au moins 10 % des sportifs, soit 1,5 à 2 millions de personnes auraient eu recours au dopage, selon le Pr Gallien de la commission antidopage. « Décès suspects, risque de cancers et de maladie de Creutzfeldt-Jakob, drogues… Le sport de haut niveau perd de sa magie dès que l'on regarde en coulisses. », résume une journaliste.[19] Résultats, l'espérance de vie, dans certaines disciplines, est dramatiquement basse : une quarantaine d'années chez les footballeurs américains par exemple…

Chimie et substances mises à part, la nocivité du sport se traduira surtout par des problèmes osseux ou musculaires : le professeur Yannick Guezennec a ainsi démontré qu'au-delà de 100 à 120 kilomètres de course à pied par semaine une inversion de la relation bénéfique du sport sur l'ossature chez les hommes se produisait.[20] Chez les femmes, la perturbation des règles ou leur absence – l'aménorrhée – toucherait de 4 à 60 % des sportives de haut niveau (contre 2 à 5 % pour l'ensemble de la population), avec des proportions différentes selon les sports pratiqués : quasiment toutes les adolescentes gymnastes, 65 à 75 % des cyclistes ou 30 à 40 % des jeunes nageuses.[21] Et c'est ainsi que la cycliste Cathy Marsal se retrouva à 29 ans avec le squelette d'une femme de 75 ans…[22]

Le témoignage également d'Élodie Lussac, la petite gymnaste quadruple championne d'Europe junior, soumise par ses entraîneurs chinois à un rythme d'entraînement infernal dans les années quatre-vingt-dix : « On faisait des semaines de quarante heures ! C'est-à-dire qu'à ce niveau-là, il faut en permanence la présence d'un kinésithérapeute ou d'un médecin, sinon ce n'est pas possible de tenir le coup [...] Nous étions des pions, que la médaille soit obtenue par moi ou une autre, c'était exactement la même chose, du moment qu'il y avait un résultat. » Bilan : une fracture des isthmes vertébraux au niveau lombaire et un dégoût durable pour la gymnastique...[23]

Il y a aussi des problèmes respiratoires : une étude suisse a démontré que les athlètes professionnels seraient aussi touchés 144 fois plus tôt par l'asthme que le reste de la population.[24] Sans oublier les radicaux libres responsables du vieillissement : ceux-ci se forment dès qu'il y a utilisation d'énergie (digestion, sport ou simple respiration). Outre une alimentation équilibrée, l'organisme dispose de défenses antioxydantes naturelles. Si celles-ci sont stimulées par la pratique modérée du sport, il n'en va pas de même lors des efforts physiques intenses : les défenses de l'organisme ne sont alors pas suffisantes pour gérer le surplus de production de radicaux libres et il y a alors risque de vieillissement accéléré.[25]

Modération et endurance...

Les livres recommandent généralement quatre séances de sport hebdomadaires d'une demi-heure. C'est vrai chez le sportif de bon niveau : deux séances d'entraînement permettent l'entretien de la capacité physique, mais au moins quatre séances relativement intenses sont nécessaires pour espérer une amélioration des performances. Une personne sédentaire qui n'a jamais fait de sport ne devrait toutefois jamais viser la performance et cette recommandation tient donc à la fois du gaspillage et de la folie. De la folie parce que, si l'objectif est de se motiver, il vaut mieux être plutôt modeste au départ, quitte à augmenter ensuite le nombre de séances. Du gaspillage parce que ce n'est qu'au bout d'une demi-heure d'effort soutenu que le cerveau libère quantité d'endorphines, ces peptides qui, avec l'ocytocine et la dopamine (*l'amine qui dope* aussi appelée *hormone de la récompense*, également induite par le sport), sont considérés comme les trois hormones du bien-être. Tant qu'à se fatiguer, autant que cela soit jouissif! Les endorphines auraient les mêmes effets artificiels que la morphine : ils bloqueraient la transmission des signaux douloureux et généreraient les sentiments de bien-être, d'euphorie et de plénitude. Et voilà pourquoi, passé une demi-heure de course à pied à mon rythme, j'ai généralement l'impression de courir avec des ailes…

Les autres sports *endorphinogènes* sont le vélo, la natation, l'aviron, le ski de fond… Les sports d'endurance sont d'autant plus à privilégier qu'ils évitent les brusques accélérations responsables des problèmes cardiaques et autres claquages musculaires. Aucune performance n'est attendue sinon d'y aller à son rythme tout en dosant son effort. Terminer sa séance essoufflé ou en nage est peut-être un signe de sportivité, mais sans doute pas de sagesse : les Asiatiques privilégient les exercices énergétiques doux de type taï-chi ou yoga et ne s'en portent pas plus mal, bien au contraire!

Le temps de la réflexion...

Ralentissez, soufflez... et prenez le temps de répondre aux questions suivantes :

Que vous inspire l'expression *faire de son mieux*? Avez-vous, dans votre vie, le sentiment de faire de votre mieux ? Vous semble-t-il raisonnable d'aller au-delà de cette exigence ? Pensez-vous pouvoir transmettre une éducation parfaite à vos enfants ? Que pensez-vous par exemple de la constatation suivante : « Seuls les orphelins ont des parents de rêve ; les autres n'ont que des hommes et femmes avec leurs qualités et leurs défauts », Auriez-vous préféré que vos enfants soient orphelins ?

Un surhomme pour vous qu'est-ce que c'est ? Un surhomme n'aurait-il pas de problèmes ? Un surhomme serait-il accepté des autres ou bien persécuté et présenté comme un phénomène de foire ? Plutôt que d'être *sur*, ne vaut-il pas mieux être *avec*les hommes ?

Que pensez-vous de ces scientifiques ou *transhumanistes* qui évoquent la possibilité de rendre les hommes plus résistants au froid ou à la chaleur afin qu'ils puissent travailler dans des conditions extrêmes ?[26] Progrès ou exploitation ? Et s'il s'agissait de vivre plus vieux ou de courir plus vite, seriez-vous alors intéressés ? Accepteriez-vous de ne plus dépendre de l'évolution, mais de la technologie, de devenir un *posthumain* ? Pensez-vous que ce *posthumain* serait *naturellement* plus heureux ?

Qu'est-ce que l'intelligence pour vous ? Votre intelligence vous permet-elle de bien profiter de la vie ?

Préféreriez-vous être plus intelligent ou plus sage ? « La sagesse ne se mesure pas à ce que nous avons vécu mais à ce que nous sommes capables de vivre », faisait remarquer George Bernard Shaw. Alors, êtes-vous capables de bien vivre et de bien-*être* ? Pour se faire, est-il préférable de mettre l'accent sur le développement ou le *contentement* personnel ?

Enfin, quelles pressions vous poussent-elles à en faire toujours plus ? Est-ce votre conjoint(e) qui vous traite de fainéant ? Un homme politique qui vous exhorte à *travailler plus pour gagner plus* ? Vos enfants qui réclament plus de jouets ? Votre voisin, son arrogance et sa nouvelle voiture ? Les médias exhibant en direct des vedettes, des strass et des paillettes ? Dans quelle mesure toutes ces stimulations ne sont-elles pas des formes de manipulation ? Vous en libérer ne serait-il pas le début de la sagesse ?

Réfléchissez à la figure du mendiant. Voici l'antithèse du superman, l'antinomique du développement et de la course incessante à la croissance. Voici quelqu'un qui ne clame pas haut et fort : *Regardez comme je suis performant, beau, riche et intelligent*, mais : *Voyez comme je suis faible et, si vous le pouvez, aidez-moi !* La figure du mendiant est emblématique de la condition humaine : un être bon mais plein de faiblesses, qui a besoin des autres pour vivre et qui n'a pas honte de l'admettre. Ne sommes-nous pas, de ce point de vue, tous des mendiants en puissance ?[27] Nous avons tendance à l'oublier à la vue de nos malheureux SDF, mais la tradition de la mendicité – la plus vieille activité du monde – est aussi parfois associée à une forme de liberté et de sagesse. Au Sénégal, les disciples d'une confrérie musulmane se font mendiants afin d'apprendre l'humilité et l'ascétisme. En Asie, des moines bouddhistes mendient leurs repas au quotidien. C'est un moine mendiant qui aida le prince Siddhârta à se lancer sur la voie du Bouddha et le sage taoïste déclare : « *Souplesse et faiblesse sont conformes à la vie. Rigidité et force sont conformes à la mort.* »[28] Mais nous pourrions aussi évoquer Jésus, Gandhi… ou les véritables épicuriens, tous adeptes de la simplicité volontaire ![29]

Le mendiant est un inutile ? Celui par qui la générosité s'exprime est pourtant considéré dans toutes les religions comme un vecteur de purification, d'élévation, de mieux-être… Qui pourrait nier de bonne foi que l'on se sent plus léger après avoir donné ? Au-delà du sage ou du « professionnel » salvateur, la figure du Mendiant peut enfin être évoquée pour son aspect « poil à gratter » : placé en dehors de la société, ne pouvant tomber plus bas, il est le contradicteur du système par excellence ! Le Mendiant, c'est ainsi Diogène, le philosophe cynique qui vivait dans une amphore, mordait les mécréants et faisait tomber les masques. Diogène, l'âme forte, l'esprit libre, « l'incarnation du contre-pouvoir que les philosophes ne devraient jamais cesser d'exercer », selon Michel Onfray.[30]

Un homme libre qui accepte son humanité, se contente de peu, trouve son plaisir en lui-même et porte un regard acéré sur la société : pas étonnant que le mendiant soit autant décrié et redouté par le système ! Le système a tout intérêt à endormir notre vigilance et à nous bercer d'illusions, car nous serions redoutables en « mendiants » ou en consomm'Acteurs éclairés. Imaginez par exemple que nous apprenions tous à faire la distinction entre le synthétique et le « sain-éthique ». Qu'en place des logos, nous suivions désormais le *logos*. Bref, que notre pouvoir d'achat se transforme en véritable pouvoir de choix…

Tout ceci suppose évidemment de réussir à nous accorder le temps de la réflexion, à arriver à prendre ne serait-ce que cinq minutes par jour pour échapper à la pesanteur des manipulations. Car le pire n'est pas une fatalité : le nombre de citoyens « réveillés » (à défaut d'être « éveillés ») ne cesse de croître. 17 % des Français feraient ainsi déjà partie de la nouvelle famille socioculturelle des « créatifs culturels »[31], des hommes et des femmes qui s'interrogent et remettent en cause un style de vie imposé d'en haut. La sortie de la caverne n'est plus forcément synonyme de solitude…[32]

II.

Le mythe de l'ambition

La plupart des ouvrages de développement personnel invitent à définir des objectifs et à être ambitieux : une vision précise et enthousiasmante ainsi qu'une date de réalisation, telles seraient les secrets de la réussite ! « Tous les millionnaires que je connais m'ont avoué qu'ils étaient devenus riches à partir du moment où ils s'étaient fixé un montant à atteindre et le délai pour y parvenir », écrit par exemple Marc Fisher.[33]

Sauf à l'avoir expressément intégrée dans ses plans, réussite n'égale toutefois pas nécessairement bien-être. « Heureux celui qui a conformé sa vie à ses projets », a dit Hegel. Cela nous laisse deux options : réussir ses projets ou bien ne pas en avoir ! « Pour réussir sa vie, il faut viser l'échec. Ainsi, on n'est jamais déçu ! », suggère Frédéric Beigbeder avec humour. Après réflexion, je crois que les deux stratégies sont nécessaires, mais dans des proportions variables selon son âge et ses accomplissements. Permettez-moi une analogie avec l'avion : le vol serait la vie, la manette des gaz l'ambition, la direction l'objectif, les circonstances le pilotage automatique et le pilote, ce serait vous !

Une vie de haut vol…

Le premier tiers de sa vie est le décollage. Il est généralement passé à apprendre et à essayer de se faire une place dans le monde. À ce stade, les contraintes et pressions sont tellement nombreuses qu'il n'est pas forcément inopportun de privilégier l'ambition, de se distraire avec les manœuvres de l'appareil, de pousser la manette des gaz au maximum, de chercher son réconfort dans l'action ou l'imagination de la destination. Analyser ses rêves, définir ses objectifs et décider des dates de réalisation permettra, en choisissant une direction enthousiasmante, de se faciliter la tâche : le présent est parfois pesant, mais le futur m'appartient et je travaille à mon accomplissement !

Le deuxième tiers de sa vie est le vol, à plus ou moins haute altitude en fonction de ses accomplissements passés. Une personne qui atteint la trentaine en ayant déjà réalisé un certain nombre de ses objectifs de jeunesse, en ayant déjà à son actif quelques expériences valorisantes, peut aspirer à un voyage paisible : si elle est satisfaite de son décollage, de son altitude et de sa direction, elle peut légitimement réduire les gaz et l'inclinaison de l'appareil afin de mieux profiter du voyage. Cela ne signifie évidemment pas qu'elle n'a plus de projets ou d'ambition, mais sa conscience pourra être davantage centrée sur le présent. À une certaine altitude de sécurité, le bien-être peut s'épanouir. C'est le moment idéal pour fonder une famille et passer le relais de l'affirmation de soi et de l'ambition à ses propres enfants…

Le vol de croisière ne sera pas sans tempêtes. Le fait qu'il y ait généralement deux commandants de bord (avec des vues parfois divergentes quant à la vitesse ou la position de l'appareil) et des enfants dans les jambes ne facilite pas le pilotage. Bien-être et mal-être, bonheur et malheur continueront d'alterner naturellement : il est rare de naviguer complètement au-dessus des nuages. Les expériences passées permettront toutefois de mettre les événements négatifs en perspective : à l'altitude déjà atteinte, il est plus difficile de s'écraser…

À la quarantaine, au milieu du voyage, survient parfois un doute existentiel : « *Mais qu'est-ce que je fais là ? Est-ce la bonne direction ?* » Cette remise en question désagréable affecte surtout deux types de pilotes. Il y a tout d'abord les pilotes *irresponsables*, ceux qui ont fait confiance au pilotage automatique et se retrouvent dans un lieu qu'ils n'ont pas véritablement choisi, à faire quelque chose qu'ils n'aiment pas vraiment. Il y a ensuite les pilotes mal préparés, qui ont fait confiance à une feuille de route élaborée par d'autres : leurs objectifs et direction ont été dictés par la société plutôt que par leurs rêves et aspirations personnels. Dans les deux cas, c'est le *J'aurais voulu être un artiste*! de la chanson, avec toutes ses variantes et notamment *j'aurais voulu pouvoir davantage m'occuper de mes enfants* ou *j'aurais voulu avoir plus de temps pour moi.* D'où l'importance de vérifier régulièrement sa position et de garder la main sur le manche.

À la fin du jeu, un des hommes me demanda s'il était vrai que des personnes peuvent vivre toute une existence sans jamais connaître leurs talents naturels. Je dus admettre que j'avais des patients très déprimés qui avaient l'impression que leur vie s'écoulait malgré eux. Oui, il me fallut admettre que les Mutants ne pensent pas posséder un talent inné et qu'ils ne réfléchissent au but de leur vie qu'au moment où la mort approche. Des larmes lui montèrent aux yeux et il hocha la tête avec incrédulité. Une pareille chose était bien difficile à croire.

Marlo Morgan,
Une initiation chez les aborigènes[34]

Bien sûr, l'altitude n'est pas un gage de bonheur et il est possible d'être heureux ou malheureux à tous les niveaux. **C'est la conscience de s'être volontairement placé là où nous sommes qui est gage de satisfaction.**

Que faire si nous ne sommes pas satisfaits de notre altitude ? Deux options : apprendre à être satisfait ou changer d'altitude. Que faire si nous sommes mécontents de notre direction ? Et bien pourquoi pas en changer en redéfinissant nos objectifs ?

Couper son moteur pour jouir du silence ?

Le troisième tiers de sa vie est l'atterrissage. Une descente plus ou moins longue en fonction de l'altitude prise, plus ou moins rapide en fonction de la volonté du pilote et une destination qui met un terme au voyage. Selon le célèbre psychologue suisse Carl Gustav Jung, le déploiement de la vie se fait en demi-cercle et nous devrions, à partir du milieu de notre vie, tourner notre regard vers l'intérieur afin d'accéder à notre Moi véritable : « Un jeune qui ne lutte ni ne remporte de victoire a manqué le meilleur de sa jeunesse et le vieillard qui ne sait pas prêter l'oreille au secret des torrents qui bruissent [...] est insensé, momie spirituelle, rien d'autre que passé glacé. »[35]

À partir d'un certain stade, peut-être conviendrait-il en effet d'en faire moins et de privilégier la qualité de vie sur la quantité de choses à accomplir. C'est aussi l'opinion du moine bénédictin allemand Anselm Grün : « La tâche spirituelle de l'âge mûr consiste à méditer sur le mystère de la vie et de la mort. Pour cela, un espace de silence est nécessaire. Celui qui occupe sa vieillesse par mille activités gâche la possibilité que son âge lui donne d'atteindre une plus haute maturité. »[36] Conviendrait-il alors de couper le moteur et de profiter du silence ? De laisser l'avion planer et se poser en douceur ? À chacun évidemment de piloter sa vie comme il l'entend. Peut-être conviendrait-il en tout cas d'accepter sereinement son âge et les limitations qui vont avec : singer les jeunes, ce n'est pas leur rendre service et c'est faire insulte à la sagesse de la vieillesse. Il est sans doute possible de continuer comme si de rien n'était mais la vieillesse n'est-elle pas la dernière chance de ralentir et de vivre autre chose, avant qu'il ne soit trop tard ?

Des rêveries aux rêves…

« *Développez tout votre potentiel. Il suffit d'agir! Escaladez les plus hauts sommets. Osez rêver!* Ces philosophies de pacotilles sont tentantes à première vue, mais elles relèvent du même besoin de consommer qui ne saurait jamais nous combler puisque le matérialisme, en nous promettant pourtant mer et monde, se fonde précisément sur notre insatisfaction chronique. Derrière d'ingénieuses représentations de bien-être et d'irrésistibles slogans, cette conception de l'existence vise purement et simplement à nous vendre des produits de consommation. », dénonce Bo Lozoff[37].

Oser rêver: une philosophie de pacotille? Voilà qui serait bien triste! Car si nos rêves peuvent en effet refléter la société de consommation, oser rêver induit une action consciente et donc une liberté. **Plus que jamais, il convient d'agir et de libérer ses rêves!**

> *On vit trop dans la tristesse, la morosité. J'ai envie de donner [aux jeunes] un souffle, de leur dire: la vie est belle, lancez-vous, allez au bout de vos rêves, c'est possible, rendez-vous heureux. Ce n'est pas une question de gros bras, d'argent, mais de passion.*
>
> Maud Fontenoy[38]

Il conviendrait toutefois de bien faire la distinction entre le rêve, le rêve et le rêve! Le premier se manifeste la nuit lors de notre sommeil. Il s'agit parfois de rêves matérialistes, mais les rêves de développement personnel sont les plus fréquents:

nous possédons un certain nombre de pouvoirs et de qualités et nous ne sommes pas pressés de nous réveiller ! Il serait recommandable de considérer ces rêves comme une séance de cinéma et de ne pas faire preuve à leur égard de trop de nostalgie. C'est sans doute *toujours mieux en rêve*, mais nous avons besoin de vivre nos journées pour pouvoir faire de tels rêves durant nos nuits…

Certaines personnes oublient cette règle et exhibent au grand jour des rêves de la nuit. C'est le deuxième type de rêve : le rêve éveillé qui fait le lien entre la chimère et la réalité. Il exprime un désir que nous savons irréaliste et sera donc source de frustrations. C'est par exemple : « Je rêve de gagner au loto » ou « Je rêve d'être grand ». Confronté à ce type de pensées, il serait opportun de se réveiller et de regarder la réalité en face : **la vie ne sera belle que si j'arrête de la rêver pour enfin la vivre** !

Oser rêver SES rêves…

Le troisième type de rêve est synonyme de projet. C'est par exemple : « J'ai fait un rêve ! », de Martin Luther King. Ce type de rêve révèle notre caractère, nos croyances et notre degré de liberté. Sans lui, l'homme n'aurait rien accompli. « Là où il n'y a pas de vision, les gens périssent », précise la Bible[39] « L'homme ne disparaîtra pas tant qu'il saura rêver », rappelle Jean Cocteau.

Apprendre à rêver… Voilà qui laisse rêveur… ou songeur ! Ce type de songe implique en effet une action réfléchie. Songer, c'est littéralement s'abandonner à des rêveries, mais c'est aussi avoir l'intention de faire quelque chose ou penser à quelque chose qui mérite attention. « Je rêve d'avoir une piscine » peut avoir deux significations : « Si seulement j'avais une piscine ! » ou bien « Je songe sérieusement à avoir une piscine ». Frustration dans le premier cas, action dans le second.

Si je rêve *sérieusement* à une piscine, je vais faire en sorte que mon rêve devienne réalité. Je vais soit travailler pour me la payer, soit creuser moi-même le trou. Au bout de quelque temps, à force de travail, je finis par réaliser mon rêve. Vais-je m'arrêter là ? Non, bien sûr, car je continue à rêver. Mais comme je barbote dans la piscine de mes rêves, je ne suis pas condamné à rêver à une plus grande piscine…

La société de consommation nous incite à rêver à *toujours plus* et à avoir *toujours plus* de rêves : un bien en cache un autre et les nouveautés sont perpétuelles. Il serait toutefois exagéré de parler de rêves à propos de l'achat du dernier modèle de téléphone portable ou d'ordinateur. Un rêve implique en effet une certaine taille dans l'ambition et dans la gravité. Nous ne rêvons généralement donc pas de nos petits achats… mais d'être riche ! De même, nous ne rêvons pas de la fortune pour la fortune, mais de ce que cette situation permet de réaliser ou d'obtenir : la belle maison, la belle voiture, les vacances sous les tropiques, la reconnaissance des autres, le prestige, le pouvoir, etc. Bref, nous rêvons tout simplement d'être heureux !

Nous allons bientôt parler de la relation entre l'argent et le bonheur. La société de consommation a tendance à faire le lien entre les deux et nous incite insidieusement à rêver au bonheur *via* la carte de crédit. C'est se tromper de méthode ! Si nous nous préoccupons de notre bonheur ou de notre bien-être, nos rêves devraient concerner nos vies plutôt que nos achats et être personnels plutôt que collectifs. Nos rêves, en un mot, doivent être libres de tout conditionnement !

Le temps de la réflexion...

Où en êtes-vous dans votre voyage ? À quelle altitude volez-vous ? Commencez par faire le listing de tous vos accomplissements passés, de l'apprentissage de la lecture (eh oui : tout le monde ne sait pas lire !) à votre dernière réussite culinaire : passez en revue les domaines sportifs, artistiques, professionnels, sociaux, affectifs... Notez-les de 1 à 3. Quels sont les accomplissements que vous souhaiteriez accomplir ? Notez-les de 1 à 3. Les souhaitez-vous pour vous, pour faire plaisir à quelqu'un ou pour épater la galerie ? Échangeriez-vous vos expériences passées contre ces nouvelles compétences (de même valeur) ? Êtes-vous prêt à travailler pour ces nouvelles aptitudes ? Si oui, sélectionnez le meilleur rapport enrichissement/travail et allez-y ! Si non, apprenez à apprécier votre vol : il vous conduira nécessairement vers de nouvelles expériences...

Le temps est-il venu de ralentir un peu votre rythme ? Avez-vous déjà pris le temps de réfléchir ou êtes-vous constamment *dans le feu de l'action*? À toujours monter plus haut, ne risquez-vous pas, comme Icare, de vous brûler les ailes ? À toujours gesticuler, n'avez-vous pas l'impression de brasser beaucoup de vent ?

Prenez une (très) grande feuille de papier et notez-y tous vos rêves. Tout ce que vous voulez posséder d'un point de vue financier, sentimental, familial, psychologique, comportemental, professionnel, humanitaire, etc. Quelles expériences souhaiteriez-vous vivre ? Quelles qualités souhaiteriez-vous posséder ? Comment votre journée idéale se déroulerait-elle ? Passez au moins une journée à établir cette liste. Ne vous imposez aucune limite ; demandez-vous : « Qu'est-ce que je souhaiterais si je pouvais obtenir tout ce que je désire ? » N'écoutez pas votre cerveau qui vous crie que vous êtes fou ou que vous rêvez. Écrivez ! Une fois la liste prête, il ne doit plus rester beaucoup de place sur votre feuille.

Voilà ce que cela pourrait donner (cet exemple n'a valeur que d'exemple) :

- **Rêves matériels :** gagner à la loterie, des voitures, un avion, une villa en bord de mer, un court de tennis, une piscine, un yacht, une Rolex, un équipement home cinéma, un aquarium, des œuvres d'art, des bijoux, des costumes de couturier…
- **Rêves professionnels :** un travail enrichissant et passionnant, pilote de chasse, chanteur, un travail

utile, des responsabilités, un salaire d'au moins 5 000 euros par mois, pas besoin de travailler…

- **Rêves personnels :** 1,80 m, voix grave, charisme, beauté, confiance en moi, optimisme, assurance, calme, talents d'orateur, générosité, bête de sexe, modestie, perte de poids, musclé…
- **Rêves relationnels et familiaux :** nombreux amis, nombreux partenaires sexuels, femme/mari aimant(e), enfants, admiration, dévouement, obéissance…
- **Rêves sociaux :** célébrité, bienfaiteur, prix Nobel, prix littéraire…
- **Rêves d'expériences :** nager avec des dauphins, courir un marathon, sauter en parachute, faire l'ascension de l'Everest, parcourir le monde…
- **Rêves humanitaires :** la paix, de la nourriture et des soins naturels pour tous, une planète saine, rendre le monde meilleur…

Attention : ne lisez pas ce qui suit avant d'avoir réalisé votre propre liste. Prenez votre temps…

Votre liste est prête ? Vous allez maintenant mettre chacun de ces rêves en perspective. La première perspective est celle du réalisme. Biffez tous vos rêves irréalisables c'est-à-dire dépendant d'autre chose que de votre courage et volonté propre. Voilà ce que cela peut donner :

- **Matériel :** ~~gagner à la loterie~~, des voitures, un avion, une villa en bord de mer, un court de tennis, une piscine, un yacht, une Rolex, un équipement home cinéma, un aquarium, des œuvres d'art, des bijoux, des robes de couturier…

- **Professionnel :** un travail enrichissant et passionnant, ~~pilote de chasse~~, chanteur, un travail utile, des responsabilités, un salaire d'au moins 5 000 euros par mois, ~~pas besoin de travailler…~~
- **Personnel :** ~~1,80 m~~, ~~voix grave~~, charisme, ~~beauté~~, confiance en moi, optimisme, assurance, calme, talents d'orateur, générosité, bête de sexe, modestie, perte de poids, musclé…
- **Relationnel et familial :** nombreux amis, nombreux partenaires sexuels, femme/mari aimant(e), enfants, admiration, dévouement, obéissance…
- **Social :** célébrité, bienfaiteur, ~~prix Nobel~~, prix littéraire…
- **Expériences :** nager avec des dauphins, courir un marathon, sauter en parachute, faire l'ascension de l'Everest, parcourir le monde…
- **Humanitaires :** ~~la paix~~, ~~de la nourriture et des soins naturels pour tous~~, ~~une planète saine~~, rendre le monde meilleur…

N'ayant pas une bonne vue, je ne peux pas être pilote de chasse. Grâce aux technologies modernes, je peux par contre devenir chanteur, même sans savoir chanter. Gagner à la loterie dépend de la chance, de même que de ne pas avoir besoin de travailler. Le

Nobel dépend d'énormément de paramètres que je ne peux maîtriser. Grandir est au-dessus de mes possibilités, tout comme voler, respirer sous l'eau ou me transformer en éphèbe. Mais acquérir du charisme est possible, tout comme devenir plus calme, etc.

Malheureusement, la plupart de mes rêves humanitaires ne résistent pas à ce critère du réalisme : j'ai visé trop haut, bien au-delà de mes moyens ! Reste toutefois l'indispensable « rendre le monde meilleur ». Ce n'est pas en effet parce que le monde est parfois violent ou injuste qu'il ne faut pas militer pour la paix ou la justice. Martin Luther King avait un rêve ambitieux et il en est mort : il a été assassiné par le racisme qu'il combattait. A-t-il échoué ? S'il y a toujours du racisme et de la ségrégation aux États-Unis, les Noirs ont désormais les mêmes droits que les Blancs et Barack Obama a accédé à la Maison Blanche. Nous ne pouvons sans doute pas changer radicalement le monde entier, mais nous pouvons l'améliorer. Chaque geste compte, à notre niveau. « L'homme ne peut pas accomplir de grandes choses sur cette terre. Mais il peut accomplir de petites choses avec amour », disait Mère Teresa avec modestie.

La seconde perspective est celle de la liberté et du libre choix. Demandez-vous : « Ce rêve vient-il du plus profond de moi-même ou bien est-ce une émanation de la société ou de mes relations ? Est-ce bien mon rêve ? » Si ce n'est pas le vôtre, biffez-le. Voilà ce que cela peut donner :

- **Matériel :** ~~des voitures~~, ~~un avion~~, une villa en bord de mer, un court de tennis, une piscine, ~~un yacht~~, ~~une Rolex~~, un équipement home cinéma, un aquarium, des œuvres d'art, ~~des bijoux~~, ~~des costumes de couturier~~…

- **Professionnel :** un travail enrichissant et passionnant, ~~chanteur~~, un travail utile, des responsabilités, ~~un salaire d'au moins 5 000 euros par mois…~~

- **Personnel :** ~~charisme~~, confiance en moi, optimisme, assurance, calme, talents d'orateur, générosité, ~~bête de sexe~~, modestie, ~~perte de poids~~, ~~musclé~~…

- **Relationnel et familial :** nombreux amis, ~~nombreux partenaires sexuels~~, femme/mari aimant(e), enfants, ~~admiration~~, ~~dévouement~~, ~~obéissance~~…

- **Social :** ~~célébrité~~, ~~bienfaiteur~~, ~~prix littéraire~~…

- **Expériences :** nager avec des dauphins, courir un marathon, sauter en parachute, ~~faire l'ascension de l'Everest~~, parcourir le monde…

- **Humanitaire :** rendre le monde meilleur…

J'ai supprimé de ma liste un certain nombre de rêves superficiels, basés sur l'imitation des autres, un besoin primaire de reconnaissance ou une manipulation de la société. N'en déplaise à Séguéla, une Rolex avant 50 ans n'est pas un critère de réussite ! Je rêve d'une belle voiture mais pas de plusieurs. Multiplier mes partenaires sexuels ? Voilà un rêve courant chez les hommes peu sûrs d'eux ou qui fantasment trop sur certains films. Rêver de la célébrité est un rêve à la mode : je l'exclus donc ! Rêver de recevoir un prix est signe d'orgueil : un prix est la conséquence de ses réalisations et non un but en soi. Dehors ! Quant à l'ascension de l'Everest, ce serait sans doute une superbe expérience si j'aimais vraiment l'alpinisme. Ce n'est pas le cas et ce rêve n'était donc pas si personnel que cela !

La troisième perspective est celle du travail. Demandez-vous : « Si j'étais sûr de réaliser ce rêve en travaillant, est-ce que je travaillerais au maximum pour l'obtenir ? » ou, plus simplement : « Suis prêt à travailler pour l'obtenir ? » Voilà ce que cela peut donner :

- **Matériel** : ~~une villa en bord de mer~~, ~~un court de tennis~~, une piscine, un équipement home cinéma, un aquarium, ~~des œuvres d'art~~…

- **Professionnel** : un travail enrichissant et passionnant, un travail utile, des responsabilités…
- **Personnel** : confiance en moi, optimisme, assurance, calme, talents d'orateur, générosité, modestie…
- **Relationnel et familial** : nombreux amis, femme/mari aimant(e), enfants…
- **Expériences** : nager avec des dauphins, courir un marathon, sauter en parachute, parcourir le monde…
- **Humanitaire** : rendre le monde meilleur…

Je ne suis pas fainéant, mais je sais que travailler est consommateur de temps et je connais le prix de l'argent. J'aspire à un certain confort matériel, mais je ne désire pas y sacrifier toute mon énergie. Je limite ainsi mes ambitions à ma volonté de doser mon effort et de vivre heureux dans le présent. Ce qui m'importe n'est pas de *travailler plus pour gagner plus* mais de *travailler mieux pour vivre vieux.* Si j'aime mon travail, je n'aurai d'ailleurs pas l'impression de travailler… « Le secret du succès, c'est de faire coïncider vocation et vacances », disait Mark Twain.

La quatrième et dernière perspective est celle du bien-être. Demandez-vous « *Ai-je vraiment besoin de cela pour me sentir bien ?* » Voilà ce que cela peut donner avec ce qu'il restait :

- **Matériel :** ~~une piscine~~, ~~un équipement home cinéma~~, ~~un aquarium~~…
- **Professionnel :** un travail enrichissant et passionnant, un travail utile, ~~pas d'horaires~~, des responsabilités…
- **Personnel :** confiance en moi, optimisme, assurance, calme, ~~talents d'orateur~~, générosité, modestie…
- **Relationnel et familial :** ~~nombreux amis~~, femme/mari aimant(e), enfants…
- **Expériences :** ~~nager avec des dauphins~~, ~~courir un marathon~~, ~~sauter en parachute~~, parcourir le monde…

- **Humanitaire :** rendre le monde meilleur…

Il ne reste plus grand-chose ! De quoi ai-je besoin pour asseoir mon bien-être ? D'un travail enrichissant, de me sentir utile, de partager mes ressources, du sourire des enfants et de mon épouse, de développer un certain nombre de qualités. Je n'ai besoin d'aucun rêve matériel, de conditions de travail, de quantité (*nombreux* amis) ou d'expériences.

Le travail enrichissant et utile va sans doute me permettre de réaliser un certain nombre d'expériences et d'acquérir quelques biens. Si je me retrouve avec suffisamment d'argent, je vais peut-être même pouvoir me payer cette fameuse piscine ou cette villa en bord de mer. L'argent découlera de mon travail, mais je ne travaillerais pas pour gagner de l'argent ! Si je suis calme, généreux et modeste, il est fort à parier que j'aurai aussi de nombreux amis. Ils viendront à moi *naturellement* et non parce que j'en ai rêvé : ce seront de vrais amis et non des amis de rêve…

III.

Le mythe de l'argent et de la croissance

Depuis le temps qu'on vous le rabâche, vous devriez être au courant : « L'argent ne fait pas le bonheur ! » – « Rendez-le alors ! », suggérait Jules Renard. Cessons là cette hypocrisie : bien sûr que nous allons le garder notre argent ! Et qui rechignerait à un gros chèque tombé du ciel ? La formule est d'ailleurs depuis longtemps détournée et contredite par les industriels, qui entonnent tous en cœur, dans leurs publicités : « L'argent ne fait peut-être pas le bonheur, mais notre produit si ! »

L'argent est d'abord utilisé pour répondre aux besoins physiologiques de base (se nourrir, se vêtir, se loger, se laver, se soigner et être en sécurité) et, de ce point de vue, il est nécessaire d'en avoir un minimum. Il ne nous viendrait donc pas à l'idée d'être reconnaissant pour ce pouvoir d'achat : le revenu minimum est considéré comme un droit, qu'il y ait travail ou non. Le fait que la majorité de la planète ne bénéficie pas de ces ressources de base pourrait nous inciter à nous considérer comme chanceux, mais non : notre vision sera généralement braquée dans l'autre direction, vers ceux qui ont plus. Toujours plus. Avoir de l'argent commence donc généralement par un sentiment négatif: il n'y en a pas assez ! Au départ, l'argent fait souvent le malheur…

C'est toutefois de la conscience d'un manque, de l'inégalité du partage ou du *bling-bling* des arrivistes que provient ce sentiment. Lorsque je commence à avoir *plus que la moyenne*, l'argent cesse généralement d'être perçu négativement. Avoir des économies procure un sentiment de sécurité. Pouvoir consommer procure un sentiment d'appartenance, de jouissance et de confort. « L'argent protège », souligne *La Bible*.[40]

Manger dans les plus grands restaurants, voyager dans une belle voiture confortable, regarder des films dans mon propre cinéma, monter mes chevaux, visiter les îles tropicales… Qui oserait dire que l'argent n'est pas à même de procurer de nombreux plaisirs et de multiplier les occasions de jouissance ? Jouissance superficielle dites-vous ? Comme vous êtes sages !

La télévision nous distille le bonheur de l'argent à longueur de programmes : les riches paradent et s'amusent dans leurs habits à paillettes tandis que les pauvres dissertent de leurs malheurs, un *kleenex*® à la main. Qui, après avoir regardé le journal télévisé, préférerait être un petit africain affamé ? Il y a dans ces pays une joie de vivre que nous ne connaissons plus en Occident, dites-vous ?[41] Comme vous êtes perspicaces !

L'argent en abondance peut-il faire le malheur ? Sans doute oui, car la crainte de ne plus pouvoir financer son train de vie pousse à en vouloir toujours davantage. Le *pauvre* possède l'espoir de la richesse, mais *le riche* possède la crainte de la pauvreté, du fisc, des escrocs et de la pension alimentaire à verser en cas de divorce.

> *La pauvreté, mesurée aux besoins de notre nature, est une grande richesse ; la richesse, par contre, pour qui ne connaît pas de bornes, est une grande pauvreté.*
>
> Épicure

Comment connaître le plaisir du jardinage si j'ai un jardinier ? Comment goûter aux joies de la cuisine si j'ai un cuisinier ? Les tâches désagréables – voire ingrates – sont importantes, car elles permettent de mettre en relief les autres moments de la vie. « *L'on n'aime guère un bonheur qui vous tombe ; on veut l'avoir fait* », disait Alain[42] Or, si l'argent permet bel et bien de se consacrer aux choses les plus importantes (gagner de l'argent ?) ou les plus jouissives (le dépenser ?), il est toujours dangereux de se faire porter. Car si je tombe, je vais me blesser et si l'autre s'en va, saurais-je encore marcher droit ? « Qui se laisse vivre se laisse mourir », disait le Docteur Pochet.

Pour toutes ces raisons et pour sans doute beaucoup d'autres, il est donc bien possible d'affirmer que la richesse ne saurait garantir le bonheur. Sigmund Freud l'avait bien compris et disait que, s'il avait le choix, il préférerait ne traiter que des patients riches. Pourquoi ? Parce que les riches avaient compris que l'argent ne pouvait résoudre tous leurs problèmes !

Dépasser le temps de l'argent…

Un autre mythe célèbre : *Le temps, c'est de l'argent !* L'argent a pris tellement d'importance dans nos sociétés qu'il est inconsciemment placé au même niveau que le temps, c'est-à-dire que la vie : *La vie, c'est de l'argent !*

Le temps est pourtant infiniment plus précieux que l'argent : il ne s'achète pas, il ne s'échange pas et il diminue sans cesse, quoi que je fasse. C'est au moment où j'aurai le plus d'argent que j'aurai normalement le moins de temps devant moi : la fin de ma vie. Quelle mouche a donc piqué Benjamin Franklin pour qu'il accorde autant d'importance à l'argent ? Sa formule est en fait tirée de son livre *Advise to a young tradesman.* Il s'agit d'un conseil professionnel pour businessman ! Dans le milieu du commerce et des finances, il n'y a effectivement pas trop de temps à perdre…

Vite, je dois multiplier mes gains et tant pis si, au passage, j'affame des peuples (spéculation sur les matières premières) ou ruine des économies (spéculation sur les devises). Si ce n'est pas moi qui le fais, ce sera quelqu'un d'autre, n'est-ce pas ? Vite, offrir à mes actionnaires 15 % de rentabilité et tant pis si au passage, je dois me séparer de mes « ressources » humaines. Si ce n'est pas moi qui le fais, je risque d'être remercié et d'avoir une moindre plus-value sur mes stock-options… « On est tenu d'être honnête et non d'être riche », dit un proverbe anglais mais l'éthique n'est toujours pas une valeur cotée en bourse.

Le poids de la finance est indécent : les transactions financières sont environ cent vingt fois supérieures à la circulation des biens et des services ; la somme des capitaux en circulation est trois ou quatre fois supérieure à la valeur du PNB mondial ; la monnaie scripturale (écritures comptables) représente au niveau des banques plus de 90 % de la masse monétaire. Que se passerait-il si nous réclamions nos économies ? Ce serait la fin du système !

Maurice Allais[43], prix Nobel d'économie en 1988, a toujours déploré que l'argent déposé sur les comptes soit utilisé sans notre consentement pour la spéculation, mais rares sont les épargnants à choisir les banques solidaires ou à militer pour l'instauration d'une taxe sur les transactions financières… Il est entré dans nos mœurs que l'argent serve à faire de l'argent. D'un outil de mesure et d'échanges, « document juridique » par lequel je peux acheter des biens et des services, l'argent est devenu une marchandise, une fin en soi.

« L'argent exerce une concurrence déloyale sur la marchandise, car contrairement à la marchandise périssable, il peut gagner en valeur grâce aux intérêts », précise l'économiste Thierry Ribault qui met en garde : « La stabilité d'un circuit monétaire n'est garantie que lorsque l'argent émis est couvert par les biens fabriqués et que dans le processus d'achat de ces biens […] cet argent perd progressivement de sa valeur. »[44] Le *toujours plus* serait donc fatal ? En voilà une surprise !

La solution ? Pourquoi pas une monnaie fondante, à l'image de la monnaie SOL[45] qui perd de sa valeur jusqu'à ne plus rien valoir au bout de 3 ans. La spéculation et l'avidité deviennent impossibles, l'argent ne monte plus à la tête, les échanges de proximité et la valeur marchande sont renforcés.

Autre piste, encore plus radicale: instaurer une «Allocation universelle garantie», sans condition ni contrepartie.[46] Les hommes peuvent donner le meilleur d'eux-mêmes, le chômage et l'effet de trappe disparaissent, les conditions de travail s'améliorent, l'argent n'est plus «trop cher», le temps n'est enfin plus à l'argent…

Le mythe de la croissance et du pouvoir d'achat

Inutile sans doute de s'appesantir sur le fameux « Une croissance infinie est impossible dans un monde fini ». La logique semble en effet s'imposer à tous. À tous, sauf à nos gouvernants ! Mais soyons justes : que leur demandons-nous sinon du pouvoir d'achat et donc de la croissance ?

« La fameuse croissance du PIB qui sert de boussole à la plupart de nos responsables a ceci de remarquable qu'elle se moque de la nature des activités qu'elle additionne pourvu que celles-ci génèrent des flux monétaires », rappelle Patrick Viveret. Les accidents de la route seront ainsi du pain bénit pour la croissance : les secours, les garagistes, les constructeurs automobiles, les assurances, les médecins, les labos, les pompes funèbres auront tous du travail ! « C'est ce qu'on pourrait appeler le paradoxe de l'Erika : le pétrolier produisait de la richesse, dans la mesure où son naufrage entraînait un flux d'activités monétaires (pompage, dépollution, assurances, remplacement du pétrolier, etc.) ; dans le même temps, des bénévoles participants au nettoyage des plages étaient considérés comme inactifs ou improductifs. »[47]

Bien sûr, promis juré, notre croissance à nous sera vertueuse : il s'agira d'un « développement durable »[48] qui ne fera de tort à personne. Sauf qu'il n'y a traditionnellement que deux manières d'augmenter le pouvoir d'achat : soit augmenter les salaires, soit baisser les prix. Or cette seconde solution, le « toujours moins cher », alimente la prédation du système...

Pas de prix bas, en effet, sans coûts bas : coups bas à l'égard des fournisseurs, des salariés, de la qualité et de la nature, mais aussi coups bas vis-à-vis de la concurrence, une petite société pouvant difficilement s'aligner sur les centrales d'achat des grands groupes... « La frénésie des prix les plus bas est contre-productive et a un effet désastreux sur l'emploi », reconnaissait Joël Fabiani, patron des ressources humaines d'Auchan France[49] En effet : un emploi créé en grande surface a conduit à la disparition de 3 à 5 emplois ailleurs !

Quel est l'intérêt d'une promotion « deux pour le prix d'un », si le produit est de mauvaise qualité et risque, par l'habitude de la surconsommation, de rendre mes enfants obèses ?[50] Quel est l'avantage de remplir son caddie de *gadgets* achetés sous le coup de l'émotion publicitaire ? Avec le pouvoir vient la responsabilité et il serait temps de commencer à exercer notre « pouvoir de choix » : choisir des produits véritablement sains dans des lieux véritablement respectueux des hommes.

Cela coûte trop cher ? Non, car il existe une troisième voie pour augmenter notre pouvoir d'achat : choisir les produits dont j'ai **véritablement** besoin ! Limiter le nombre de rayons et donc de tentations, se libérer de la « tyrannie des marques » ou éviter le gaspillage sont autant de moyens de « libérer » notre pouvoir d'achat. La consomm'action sera source de contentement : à la frustration de ne pas avoir pu « assez acheter » se substitue la fierté de laisser toujours plus de produits en rayons. Dans l'art de la simplicité volontaire, un chariot à moitié vide vaut mieux qu'un chariot à moitié plein !

Le temps de la réflexion…

Prenez une feuille de papier et inscrivez au milieu un grand $. Tracez maintenant une ligne verticale et une ligne horizontale, avec $ en point central. L'axe X correspondra à la ligne « Malheur-Bonheur » et l'axe Y à la ligne « Pauvreté-Fortune ».

Inscrivez maintenant, toutes les idées qui vous viennent à l'esprit à propos de ce signe et placez-les sur la grille. Quelques idées en vrac : capitalisme, avarice, travail, sécurité, inégalités, arrivisme, *bling-bling*, lobbies, malheur, bonheur, maison, rêve, loterie, mendiant, revenu minimum, USA, bourse, banquier, prêt, dettes, factures, sexe, prostitution, tiers-monde, corruption, carrière, pétrole, pollution, ambitions, pouvoir, générosité, guerres, célébrités…

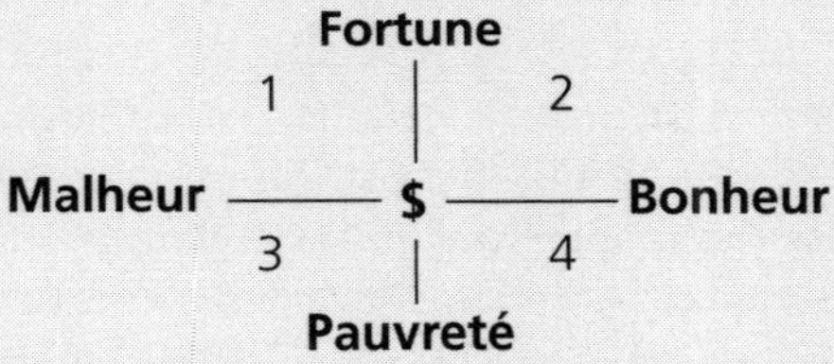

Voyons ce que nous obtenons. À titre d'exemple (et seulement à titre d'exemple : à chacun sa vie et ses idées !), voilà ce que j'obtiens :

- Zone 1. *Fortune/Malheur*: avarice, arrivisme, *bling-bling*, inégalités, corruption, capitalisme, lobbies, bourse, pétrole, USA, pollution, guerres… L'argent non maîtrisé corrompt et appauvrit l'esprit…
- Zone 2. *Fortune/Bonheur*: maison, travail, ambition, carrière, sécurité, pouvoir… L'argent permet de vivre correctement et provient d'un travail.
- Zone 3. *Pauvreté/Malheur*: dettes, RMI, loterie, prostitution, mendiant… J'y place la loterie, car ce sont les pauvres qui en attendent le plus et parce que la richesse fantasmée sera génératrice de frustrations. Il y a sans doute des mendiants et des prostitué(e)s heureux (ses), mais soyons

réalistes, la plupart subissent leurs situations : il y a davantage de SDF que de mendiants philosophes ! Quant aux dettes, elles m'emprisonnent et m'appauvrissent…

- Zone 4. *Pauvreté/Bonheur* : Que mettre ici ? Instinctivement, il est difficile de considérer que la pauvreté puisse entraîner le bonheur… Mais pensez donc aux mots suivants et regardez si ce n'est pas là que vous les placeriez : Mère Teresa, spiritualité, simplicité, lâcher-prise, nature, mendiant philosophe… Ne s'agit-il pas de concepts autrement plus essentiels que pouvoir, maison ou ambition ?

- Axe X. *Malheur-Bonheur* : malheur, bonheur, générosité, rêves. En effet, ces mots ne me semblent pas être liés à un quelconque niveau financier. Il est possible d'être heureux, généreux ou rêveur tout en étant pauvre !

- Axe Y. *Pauvreté/Fortune* : tiers-monde, banquier, jet-set, célébrités. Ces idées ne véhiculent ni le bonheur, ni le malheur : de nombreux habitants du Tiers-monde vivent très heureux… et de nombreux banquiers aussi !

Répondez maintenant aux questions suivantes : Que représente l'argent pour moi ? Pourrais-je vivre sans argent ? Pourrais-je vivre sans bonheur ? Jusqu'à quel point suis-je prêt à travailler pour gagner de l'argent ? Jusqu'à quel point suis-je prêt à perdre de l'argent (dans le sens de *gagner moins*) pour être heureux ? Les personnes riches que je connais sont-elles heureuses ? Les personnes heureuses que je connais sont-elles riches ? L'argent peut-il être le but et le sens de la vie ?

Vous avez perdu de l'argent ? Au moins il profitera à d'autres ! « Mieux vaut perdre un peu d'argent qu'un peu d'amitié », dit un Proverbe malgache. Vous craignez de perdre votre argent ? C'est que vous n'êtes pas assez sûr de vos capacités à le regagner. « Nul ne peut prendre l'argent de celui qui l'a mis dans sa tête », a dit Benjamin Franklin…

Pensez-vous que le temps soit lié à l'argent ? Et si vous vous débarrassiez alors de votre montre ? Oui, je sais, il est parfois indispensable de connaître l'heure. Mais en dehors de ces cas extrêmes et finalement peu fréquents ? À quoi cela sert-il de savoir qu'il est 10 heures 32 minutes et 52 secondes ? À quoi, sinon à nous jauger, à nous signaler que nous ne sommes pas assez rapides, pas assez performants, trop en avance ou trop en retard ? C'est paradoxalement depuis que nous avons mis le temps à notre poignet et affiné sa mesure avec le décompte des secondes que nous avons commencé à ne plus avoir le temps. « Vous avez les horloges, nous avons le temps », disait un vieil Indien à un homme d'affaire blanc. Et il ajoutait : « Un homme qui a 50 ans n'a pas réussi à se débarrasser de sa Rolex n'a encore rien compris à la vie ! »

IV.

Le mythe du bonheur et de la bonne humeur

Dans *l'argent ne fait pas le bonheur*, l'argent occupe finalement le second rôle. C'est le bonheur qui importe ! Même chose dans les derniers ouvrages de développement personnel : la question en filigrane n'y est plus *combien gagnez-vous ?*, mais *combien êtes-vous heureux ?* Le pouvoir et l'ambition *illimités* se seraient-ils fissurés avec le 11 septembre ? La vie serait-elle trop courte pour n'être que riche ?

Le bonheur est la nouvelle tyrannie et il n'est pas sûr que nous ayons gagné au change. Car si la problématique reste la même (savoir ce qu'il convient de faire n'est-il pas autant source de frustrations que d'épanouissement ?), le but recherché est encore plus flou et imprécis : comment donc imiter ou mesurer le bonheur ?

Précédemment, le *non riche* pouvait toujours se rassurer en conjuguant *l'argent ne fait pas le bonheur* à tous les temps. La simplicité volontaire passait également pour une force. Mais qui ne souhaite pas être heureux ? « Tout le monde recherche le bonheur, même celui qui va se pendre », disait Pascal. Devant un tel plébiscite, il était logique que l'offre cherche à satisfaire la demande. Mais comment la logique économique pourrait-elle s'appliquer à un sentiment qui ne s'acquiert pas et qui s'éloigne dès que nous croyons le tenir ? Répéter à tout va *il faut être heureux dans son travail, épanoui dans ses loisirs et extatique dans ses relations* ne condamne-t-il pas un bonheur artificiel à base de Prozac® et d'ecstasy ?

Entre volontarisme et lâcher-prise…

Deux visions s'affrontent traditionnellement à propos du bonheur. La première est volontariste : « Le bonheur est de serment, il faut jurer d'être heureux », conclut par exemple Alain dans son *Propos sur le bonheur*. « C'est un devoir que d'être heureux », ajoutait André Gide. Pour ces auteurs, le bonheur est de motivation : ne sera heureux que celui qui fait preuve d'ambition vis-à-vis de son bonheur. Quelqu'un est malheureux ? C'est *grosso modo* de sa faute, il n'avait qu'à travailler à être heureux ! Cette vision des choses est la plus répandue. Elle a de nombreux atouts et notamment celui de donner bonne conscience aux puissants : la pauvreté ou la misère ne proviennent pas du système, mais des pauvres, qui ne sont pas *assez riches* dans leurs têtes.

Cela crée également une dynamique facilement exploitable par les industriels à coup de publicité : *Vous voulez être heureux ? Alors consommez !* Nous aspirons tous au bien-être alors nous consommons et attendons cette félicité promise… qui ne vient évidemment pas… ce qui nous met en colère : « Pourquoi les autres et pas moi ? »

Il est vain de rechercher le bonheur dans les allées des supermarchés et la désillusion attendra les consommateurs de bonheur. C'est le constat du philosophe Pascal Bruckner, qui dénonce ce devoir de bonheur qui rend les gens *malheureux de ne pas être heureux.*[51] C'est aussi la constatation de Sénèque : « *Tandis qu'on attend de vivre, la vie passe* » ou de Pascal : « *Nous ne vivons jamais, mais nous espérons de vivre ; et nous disposant à être heureux, il est inévitable que nous ne le soyons jamais.* ».

Selon cette approche, le bonheur ne se cherche pas mais se vit et ce sont ceux qui en parlent le moins qui en vivent le plus. Rechercher le bonheur à tout prix est une vaine entreprise puisque le bonheur n'a pas de prix. Il s'agit également d'une démarche contre-productive dans le sens où ce besoin *vital* de bonheur se traduira souvent par la crainte proportionnelle du malheur ou de la souffrance. La personne obnubilée par son bonheur se trouvera désarmée lorsque confrontée à l'adversité : *Serais-je par hasard un incapable ?*

Un contrôle artificiel…

« Si j'avais, par aventure, à écrire un traité de morale, je mettrais la bonne humeur au premier rang des devoirs. Je ne sais quelle féroce religion nous a enseigné que la tristesse est grande et belle[…] », écrit Alain.[52] La bonne humeur est sans doute préférable, mais est-ce pour autant une raison de refuser la tristesse ? Une bonne humeur forcée ou de façade est-elle vraiment si bonne que cela ?

La conception volontariste du bonheur nous amène à suspecter les sentiments négatifs de nous gâcher la vie : « Il ne faut pas s'énerver », « Ça ne se fait pas d'être en colère », « Tu ne devrais pas être triste ». Même stressés et malheureux, il nous faut encore paraître heureux et en pleine forme, maintenir l'illusion que tout va pour le mieux dans le meilleur des mondes possibles. La posture du gagnant est la seule acceptable. J'ai obligation, pour être reconnu et respecté, d'être heureux en permanence et en toutes circonstances. Ce n'est que dans le secret de ma vie privée que je consulterai le psy et absorberai mes psychotropes…

Bien sûr, il est préférable de faire le choix de la plénitude. Mais est-ce un crime que de lâcher de temps en temps la bride de sa conscience et de s'abandonner dans une réaction naturelle ? « Mais pourquoi tu t'énerves ? » Faut-il une bonne raison pour s'énerver ? La raison seule ne suffit-elle pas ? Je m'énerve tout simplement parce que je préfère m'exprimer que ruminer. Je m'énerve parce que ma pression interne est trop élevée et que la meilleure méthode pour évacuer le trop plein est encore de pratiquer une ouverture : sans sifflet pour évacuer le gaz, la cocotte-minute exploserait !

La voie ne commence vraiment que le jour où le disciple commence à accepter aussi bien les souffrances que les joies, sans vouloir les détruire. Détruire une émotion qui nous fait mal mais qui est un aspect de nous-mêmes correspondrait très exactement à l'attitude du savant dans son laboratoire qui repousserait avec horreur les rats cancéreux et les crachats purulents dont il a besoin pour sa recherche. […] Le « seul péché qui ne puisse pas être pardonné » est de nier ce qui est, de refuser à ce qui est le droit à être.

Arnaud Desjardins,
Les chemins de la sagesse[53]

Vous n'avez pas le moral? Pourquoi pas, au fait? « Un bonheur tout uni nous devient ennuyeux; il faut du haut et du bas dans la vie », disait Molière dans *Les Fourberies de Scapin.* Vous pouvez apprendre beaucoup sur vous dans les périodes négatives et les chagrins d'amour, de même que le *spleen* a inspiré les plus grands artistes…

Certes, donner libre court à tous ses instincts ou passer pour un sauvage n'est pas recommandable. Mais d'un autre côté, **tenter de tout contrôler, de tout lisser, de tout aplanir ou d'arrondir tous les angles, est générateur de stress et donc contre-productif.** Plutôt que de me dire: « Je suis un incapable car je n'arrive pas à garder mon calme » ou « Oh zut, je ne suis pas heureux! », je préfère pour ma part avoir une réflexion du genre: « OK, je suis en colère. Je ne suis pas obligé d'être en colère, mais je vais quand même m'accorder deux minutes de récréation pour me défouler. J'y ai droit car je suis libre ! » Ouvrir une parenthèse permet de mieux la refermer, rien n'étant de toute manière permanent (sauf le changement).

> *L'homme qui se met en colère pour des motifs valables et contre qui le mérite, ajoutons encore au moment et durant le temps voulus obtient notre approbation. Cet homme pourra être appelé doux de caractère puisque la douceur de caractère est louable : l'homme doux veut, en effet, se garder des troubles de l'âme et se refuse à être le jouet de la passion, il obéit aux ordres de la raison et, dans la mesure que veut la raison, il se permet la colère dans les circonstances et durant le temps que cette raison approuve [...] L'excès, en matière d'irascibilité, prend toutes les formes, à savoir : s'emporter à tort, contre qui ne mérite pas notre colère, plus et plus vite qu'il ne faut, et pendant trop de temps.*
>
> Aristote,
> *Éthique à Nicomaque*

Un bonheur naturel…

Il est illusoire de rejeter le malheur. Le but de la connaissance de soi ou du travail sur soi n'est pas la négation de ce qui est naturel dans l'espoir naïf que *moins de moins* entraînera *plus de plus*. Ce serait plutôt de prendre conscience du remplissage de notre vase mental. Les bouddhistes proposent ainsi de regarder nos sensations en face (prendre sa douleur dans sa main et observer sa forme, sa couleur, son poids, etc.)

et l'exercice méditatif vise en partie à accroître la perception du sentiment : favoriser en amont la pensée *tiens, le sentiment X ou Y arrive !, tiens, voilà du doukha !*[54] Alors, je pourrai l'accompagner dans sa course naturelle, faire « un » avec elle, sans crainte, sans dénigrement et sans excès.

Le bonheur est aussi naturel que le malheur et il serait ridicule de penser pouvoir le mettre en cage. L'esprit n'est pas un zoo et des sentiments aussi extrêmes que le bonheur ou le malheur ne sont pas des animaux domestiques. Évidemment, il existe entre ces deux états une large palette de sentiments et les plus *petits* seront d'autant plus facilement *domesticables* que ma volonté sera forte. Les tenants du volontarisme ont donc raison de dire *qui le veut le peut !* Où ils se trompent, à mon sens, c'est dans la généralisation de leur théorie : **qui le veut ne peut pas tout ! Le bonheur reste sauvage !**

D'un autre côté, les adeptes de *l'abandon à la vie* ont tort de croire que le bonheur ne peut se chercher. Il existe des contrées où j'ai de meilleures chances de rencontrer des animaux en liberté ! Pourquoi ne pas décider d'y séjourner et d'écarquiller les yeux ?

Ma conception du bonheur se situe ainsi dans l'entre-deux : le bonheur n'est pas un devoir mais un droit naturel. Le bonheur n'est pas obligatoire mais il est préférable : « J'ai décidé d'être heureux, c'est meilleur pour la santé », aurait dit Voltaire. Le bonheur ne se commande pas mais se provoque : une attitude optimiste et ouverte ainsi que la recherche du bien-être pourront le favoriser.[55] Le bonheur n'est pas de serment : si je jure d'être heureux, je prends le risque de me parjurer. Le bonheur serait plutôt de *sers-m'en !* ou de *serrement* : il apprécie un hôte gourmand prêt à saucer les plats, un épicurien capable d'extraire le jus des plus petits plaisirs, de se contenter de peu de chose.

Le bonheur ne résidera pas dans l'absolu, dans un *état de parfaite satisfaction intérieure*, comme le définit le dictionnaire,[56] mais plutôt dans une série de petites touches de bien-être, d'événements joyeux, de menus plaisirs, de sérénité intérieure… Le bonheur n'est pas un ravalement de façade mais une peinture.

Le bonheur est personnel et chacun est en définitive responsable de sa propre définition. « L'homme le plus heureux est celui qui fait le bonheur d'un plus grand nombre d'autres », disait Diderot. Indubitablement, un bonheur égoïste ne durera pas longtemps. « Le bonheur, c'est réaliser dans l'âge d'homme ses rêves de jeunesse », a dit Léon Blum. La poursuite de ses rêves peut effectivement constituer une dynamique de bonheur. Mais ces définitions sont trop restrictives et contraignantes : le bonheur n'est pas une formule mathématique B + O + N + H + E + U + R = Bonheur !

« Le bonheur est en soi », a écrit le philosophe latin Boèce. Voilà qui me semble plus exact : **à chacun sa définition et à chacun son bonheur !** Le bonheur peut se trouver dans un verre d'eau fraîche ou dans une villa à Antibes, dans une balade en montagne ou une soirée techno. « *Le plus grand secret du bonheur,* *c'est d'être bien avec soi*», a dit le philosophe Fontenelle. La précision est importante: le bonheur, c'est de respecter sa propre nature!

Le bonheur est en définitive dans l'acceptation de soi, de ses qualités et limitations; dans nos instants de joie mais aussi dans nos faiblesses, nos doutes et nos colères. Le bonheur, c'est de vivre libre. Le bonheur, c'est la vie!

– *Le bonheur serait donc dans le lâcher-prise?*

– Le bonheur n'est nulle part. Il est ainsi partout! C'est une énergie qui circule au gré des circonstances. […]

– *Il convient donc de prendre les choses comme elles viennent?*

– Oui, mais à condition de mettre le maximum de chances de son côté en prenant le parti de l'action. Un homme qui se contente de lire des livres de jardinage sera-il jamais un jardinier? Il sera certes moins affecté par les intempéries, mais il ne verra jamais aucune fleur s'épanouir. Se couper du monde afin de ne pas en subir les revers n'est pas une bonne stratégie: le bonheur requiert une prise de risque.

– *Ah, ah, le bonheur a besoin de quelque chose maintenant?*

– Oui, mais d'une seule chose: il a besoin de la vie! Il faut vivre pour être heureux!

– *Et non pas être heureux pour vivre…*

– C'est bien. Je vois que tu as compris. Ne passe donc pas trop de temps dans les livres ni dans la théorie, sois un bon vivant et tu seras un bienheureux !

Le mendiant et le milliardaire

Le temps de la réflexion…

Durant une semaine, soyez attentif à vos réactions *négatives.* Tenez un *Carnet de commandes.* À chaque sentiment négatif, notez sa provenance supposée : « À 9 h 30, j'ai été agacé parce que la machine à café ne fonctionnait pas… À 11 h 15, je me suis mis en colère à cause de Bertrand… » À la fin de chaque journée, faites le point. Ces sentiments étaient-ils légitimes ? D'où venaient-ils vraiment ? De la machine à café et de Bertrand ou bien du tréfonds de mon âme ? Quel était mon état d'esprit au moment de l'événement ? Cet événement remettait-il en cause mes valeurs, mes croyances, mon éducation ou mes habitudes ? Cela m'a-t-il rappelé une expérience désagréable ?

Les états d'esprits négatifs sont à surveiller de près, car ils conditionnent la majorité de nos réactions et sentiments négatifs. L'état d'esprit est le niveau de remplissage de notre vase mental. À chaque nouvel événement ou à heure fixe, notez votre état : « Je suis triste parce que je viens de voir un reportage sur une guerre lointaine », « Je suis joyeux parce qu'un de mes amis vient de me téléphoner. » Distinguez bien les états « positifs » des états « négatifs » et, en face de chaque état, inscrivez la ou les causes supposées. Distinguez bien également les sentiments positifs ou négatifs qui découleront de votre état d'esprit : être triste peut être positif si cela éveille en vous un sentiment de compassion bienveillante pour l'espèce humaine. Par contre, ce sera négatif si cette tristesse vous rend dépressif.

Ces exercices peuvent sembler en contradiction avec les réflexions précédentes. N'avons-nous pas vu qu'il était illusoire de vouloir tout contrôler ? Si quelqu'un me bouscule dans la rue, j'ai peut-être mieux à faire en effet que de me lancer dans une exploration théorique des méandres de mon esprit. Être agacé est un sentiment négatif ? Et alors ? Le type n'est peut-être pas en soi responsable de mon agacement, mais c'est quand même lui qui m'a bousculé ! Tant que cet événement ne me pourrit pas la journée ou que je ne vais pas casser la figure du maladroit, autant reconnaître la légitimité de mon agacement et passer à autre chose !

Il serait toutefois dangereux de ne rien contrôler : il est possible de se jeter à l'eau, mais il ne faudrait pas s'y noyer, surtout s'il s'agit d'un verre d'eau ! Faire ces exercices pendant une semaine (et une semaine seulement) vous permettra de réaliser un état des lieux de vos réactions et de vos sentiments les plus fréquents. L'objectif n'est pas de nier vos sentiments, mais de mieux les comprendre afin de mieux les accepter. Lorsque la machine à café tombera à nouveau en panne, je me formaliserai d'autant moins que j'aurai conscience de ma situation mentale. Je pourrai plus facilement passer à autre chose. Et si je décide de me mettre en colère, il s'agira alors d'une décision consciente et contrôlée. Un homme n'est libre que dans le choix!

Il est donc intéressant de connaître les événements ou les circonstances susceptibles d'entraîner chez moi des sentiments négatifs. Si je sais à quoi m'attendre, je serai moins surpris et déstabilisé. Listez sur une feuille de papier toutes les choses susceptibles de vous agacer (la saleté, l'impolitesse, les bousculades, la chaleur, le désordre, les bêtises de votre enfant, la lenteur des autres, la malhonnêteté, l'injustice, l'humiliation, etc.) et classez-les par ordre d'importance: préférez-vous la saleté ou l'injustice par exemple? Interrogez-vous ensuite sur leur fréquence: surviennent-ils très fréquemment, régulièrement ou rarement? Demandez-vous pourquoi ces situations vous posent problème, à l'aune de votre éducation, expériences, valeurs, croyances et habitudes. La saleté m'agace peut-être parce que j'ai été habitué à vivre avec mes parents dans une maison impeccable, parce que je suis perfectionniste ou parce que cela veut dire que je vais devoir faire le ménage. Vous ne savez pas pourquoi? Tant pis: n'allez surtout pas chercher des explications alambiquées afin d'expliquer l'inexplicable!

Ce ne sont pas le *pourquoi* et le passé qui importent mais plutôt le *comment* et le futur: comment à l'avenir vivre plus sereinement ? Une première piste sera de relativiser les événements de bas de liste par rapport à ceux d'en haut : que vaut la saleté par rapport à l'injustice ? Pas grand-chose… Une seconde voie sera de comprendre le caractère naturel de ces événements : vous ne pouvez pas les empêcher ! Vous ne pouvez agir qu'au niveau de votre interprétation ! Interrogez-vous donc sur le type d'action souhaitable : prendre un balai, laisser faire, expliquer, écrire une lettre, etc. Que pouvez-vous faire de plus constructif que la colère si vous êtes confronté à une situation d'injustice par exemple ? Votre réaction aura beau être naturelle et donc légitime, c'est généralement l'action qui vous permettra de trouver des solutions…

Et les sentiments positifs ? Il serait évidemment possible de lister tout ce qui est susceptible de vous rendre joyeux (recevoir un coup de téléphone, voir un bon film, faire l'amour, sortir boire un verre, donner une pièce à un mendiant…), mais à quoi bon ? Dans les situations positives, il y a moins à analyser qu'à s'abandonner. Se dire consciemment : « Je vais faire l'amour et ainsi je serai heureux ! », est le meilleur moyen de tuer le plaisir ! Si vous avez envie de faire quelque chose (de positif), faites-le mais n'attendez rien en retour ! Laissez votre bonheur s'exprimer librement !

V.

Les mythes de l'information et de la technologie

En 1991, les télévisions étaient braquées vers l'Irak et toutes les chaînes diffusaient les mêmes images : celle d'une guerre propre. Le missile rentre par la cheminée, le bâtiment explose. C'est clair, net et sans bavure. Savez-vous combien cette guerre *propre* a fait de victimes ? Les estimations varient, mais la moyenne se situe à environ 100 000 soldats irakiens tués, 300 000 blessés et plusieurs dizaines de milliers de civils morts sous les bombes… Une guerre propre pour les alliés ? Même pas : il y eut quand même plus d'un millier de victimes…

La désinformation s'est teintée de manipulation avec la seconde guerre du Golfe menée par Bush Junior. L'Irak, disait le gouvernement américain, entretenait des liens étroits avec le réseau terroriste Al-Qaïda et menaçait la sécurité des États-Unis du fait de ses armes de destruction massive. Bourrage de crânes réussi : « En septembre 2003, 69 % des Américains croyaient que Saddam Hussein était directement impliqué dans les attentats du 11 septembre, alors qu'aucun document ne valide cette thèse […]

80 % des téléspectateurs de *Fox News* sont persuadés que des armes de destruction massive ont été découvertes en Irak [...] et que le monde a approuvé l'occupation de l'Irak par les États-Unis », déclare un ancien membre de la CIA.[57] Malaise : *Fox News* est la première chaîne d'*information* continue aux USA devant *CNN*...

Les pays *démocratiques* comme les dictatures ont recours à la manipulation des images pour faire passer des messages simplistes et diriger leurs moutons. La télévision est une formidable machine à désinformation devant laquelle nous abandonnons toute réflexion au profit du choc des images. C'est parfois beau et nous sommes émus. C'est souvent violent et nous sommes traumatisés ou révoltés. Il y a parfois des reportages intéressants et informatifs dans lesquels l'image soutient la réflexion, mais la majorité des images se suffisent à elles-mêmes et le journal télévisé devient un diaporama de clichés vide de sens.

> *Le Papalagui appelle ça : « Être au courant de tout ». Il veut être informé sur tout ce qui se passe dans son pays d'un coucher de soleil à l'autre. Il est outré, quand quelque chose lui échappe. Il absorbe tout avidement, bien que toutes les horreurs aussi soient divulguées et tout ce qu'un homme de bon sens préfère oublier très rapidement. Et justement, ce mauvais qui est porteur de douleurs est encore plus minutieusement communiqué que tout le bon, oui, jusqu'au dernier détail, comme si le bon n'était pas*

beaucoup plus important et gai à partager que le mauvais! [...] les mille papiers ont fait du Papalagui ce qu'il est: un être faible et dans l'erreur, qui aime l'illusion et ne sait plus reconnaître le réel, qui confond la lune avec son reflet et une natte couverte d'inscriptions avec la vie.

Touiavii,
chef de tribu Samoa[58]

Les journaux en font également de plus en plus dans l'urgence et le sensationnel, avec des unes racoleuses et des articles plus subjectifs que réfléchis. Combien de vies brisées, de réputations jetées dans la boue et de présomptions d'innocences fracassées sur l'hôtel du sensationnalisme? «Non-lieu pour Henri Emmanuelli: six lignes dans le *Figaro*!», note le magazine *Marianne*.[59]

Internet est parfois présenté comme un formidable outil d'information, mais il s'agit avant tout d'un formidable outil de communication. Et communiquer consiste moins à penser à ce que nous disons qu'à dire ce que nous pensons. N'importe qui peut désormais écrire sur n'importe quoi et n'importe qui ne s'en prive pas: d'un clic, je deviens à la fois «écrivain-expert-journaliste» et éditeur. Messieurs les censeurs, bonsoir! La pluralité y gagne sans doute mais la vérité se retrouve noyée dans le bouillon de culture de millions d'*ego*...

Le village occidental et l'info business...

Nous pensons, grâce aux médias, appartenir à un *village global*, mais la vérité est que la grande majorité de l'information provient des pays occidentaux. « Tout cela a forgé une conscience planétaire. Mais personne n'est citoyen du monde ! », rappelle le sociologue Dominique Wolton. « Le monde, c'est 6 000 langues et des centaines de nations. Il n'y a pas d'espace public mondial. Il y a des enjeux et des conflits mondiaux, que chacun interprète à partir de sa propre culture [...] Il n'y a pas d'information universelle. L'URSS et le tiers-monde nous l'avaient dit en 1980 : " Ce que vous qualifiez d'information mondiale, ce n'est que votre modèle à vous, Occidentaux ; vous faites de l'impérialisme culturel. " »[60]

Le choix des événements pour le 20 heures fait ainsi souvent appel à la notion affreuse de « mort *par kilomètre* » : selon cette règle, nous accorderions plus d'importance à un mort dans notre pays qu'à dix morts chez nos voisins ou mille morts à l'autre bout du monde. Les famines ou conflits africains sont donc condamnés à rester dans l'ombre. Démonstration avec une recherche sur *Google* : 694 000 réponses pour *otages français*, 544 000 pour *catastrophe tsunami* et 87 800 pour *catastrophe Darfour*.[61]

La distinction entre le média d'information et le média d'opinion (au singulier) est fondamentale dans une démocratie qui se respecte, mais la limite est de plus en plus floue. En théorie, le premier type devrait laisser s'exprimer de multiples opinions, mais dans la réalité, c'est généralement la pensée unique qui s'exprime sous la houlette d'une direction aux intérêts et aux idées bien arrêtées. Lorsqu'un homme aussi cynique que Rupert Murdoch, contrôle 39 % des programmes télévisés d'un pays (les USA), il est logique de craindre pour l'objectivité de l'information. Lorsque le premier ministre d'un pays (Berlusconi) captait au travers de sa régie 98 % des recettes publicitaires de la télévision italienne, il était facile de savoir quel goût auraient les pâtes…[62] Et que penser de la déclaration du directeur de *TF1* Nonce Paolini lors d'un dîner du Club de l'audiovisuel : « [afin de redresser l'audience] TF1 ne doit pas chercher à investiguer au-delà du nécessaire » ?[63]

Le savoir rend libre, mais sommes-nous encore libres de savoir ? Les tentations de manipulation, les traitements superficiels, égocentriques ou intéressés de l'information et la somme astronomique de données disponibles sur n'importe quel sujet brouillent les pistes. Tout sujet, quel qu'il soit, véhiculera en surface un certain nombre de préjugés. « La vérité est ailleurs », dit le feuilleton *X-Files.* Oui mais où ? Ne pouvant plus nous fier à la qualité, il était logique que nous privilégions la quantité… et la rapidité !

– *Vous avez entendu la nouvelle ?*
– *Non, que se passe-t-il ?*
– *Il y a eu une agression raciste dans le métro !*
– *Pas possible ! En voilà une information essentielle pour ma vie ! Merci de me prévenir : je me sens déjà un peu moins bien qu'avant…*

Où est l'urgence ? Ne serons-nous pas mis au courant des mauvaises nouvelles bien assez tôt ? Et avons-nous vraiment besoin de tout savoir ? L'information n'arrête pas de tomber ? Raison de plus pour lui laisser le temps de se relever et pour vérifier si elle a réellement quelque chose de cassé.

La manière dont quasiment tous les médias (et politiques) ont réagi à chaud à la fausse agression du RER de juillet 2004 à Paris donne la mesure du malaise : l'info venait d'arriver qu'elle était déjà soupesée, emballée et vendue au chaland. « Promo de dernière minute sur l'agression raciste ! Qui en veut ? Tenez Madame ! Si, si, je vous assure, c'est du premier choix : la victime est bien blanche et les agresseurs bien basanés… Il y a même un bébé ! Non Madame, nous ne reprenons jamais la marchandise : à ce prix, ce n'est pas possible ! Allez, allez, on en profite, tout doit disparaître ! »

Quelle est donc cette folie qui nous pousse à nous abreuver d'images violentes et de nouvelles catastrophiques à longueur de journée ? Est-ce pour nous faire sentir qu'*il y a toujours pire* et que nous ne sommes, après tout, pas si mal lotis ? Est-il vrai que nous nous désintéresserions rapidement des médias s'ils ne propageaient que de bonnes nouvelles ?

Dans un sens, les médias n'ont pas le choix. S'il fallait lister tous les avions qui arrivent à bon port, toutes les bonnes récoltes, tous les cimetières non profanés, toutes les voitures non brûlées ou non accidentées, toutes les personnes guéries ou toutes les poignées de mains entre les hommes, l'information devrait pour le coup vraiment être en continu ! Arriver à faire tenir toutes les mauvaises nouvelles du monde en moins de trente minutes et parvenir même, parfois, à y introduire quelques couleurs, prouve que les mauvaises nouvelles sont vraiment *extra*ordinaires. **Sur une page blanche, c'est le point noir qui saute aux yeux !**

> *Regardons donc le côté éclairé de la planète. Partout, mais partout, brillent des étincelles d'amour. Et le monde, alors, n'est plus si obscur ni couvert de ténèbres. Il en est transfiguré.*
>
> Sœur Emmanuelle[64]

Le progrès techno… logique ?

Médias et experts (des médias) s'accordent sur un point : la technologie, c'est le progrès et on n'arrête pas le progrès ! *C'est par le progrès que l'on fera évoluer la protection de l'environnement*, est ainsi un refrain bien rodé (et bien commode pour ne rien faire). Mais c'est sûr : la technologie, après avoir détruit l'environnement, va relancer la croissance en réparant l'environnement ! Les déchets radioactifs vont dans un avenir proche aider à faire pousser les tomates !

Le progrès est défini comme l'action d'avancer et qui n'avance pas recule ! Ne pas posséder le dernier modèle du dernier gadget de la dernière mode nous fait donc passer pour le premier des ringards. Ce n'est plus « je le veux », mais « il me le faut » et si possible avant tout le monde. Tant pis si je dois pour cela faire la queue devant le magasin: elle n'avancera pas vite, mais au moins elle avancera…

Le progrès est également *l'acquisition de connaissance, de capacité: le progrès d'un élève.* Et nous le constatons bel et bien tous les jours: les enfants ne savent plus calculer, mais manient superbement les calculatrices; les agriculteurs ne savent plus respecter leur terre, mais répandent très efficacement les pesticides; les restaurateurs ne savent plus cuisiner, mais réchauffent très rapidement les produits conservés sous vide[65]; les voisins ne savent plus se parler, mais se connectent quotidiennement sur *Facebook*… Où sont donc passés les Hippocrate, Mozart et autres Léonard de Vinci? Recrutés par les sociétés d'informatique?

La plupart d'entre nous – moi le premier – ne comprennent rien au fonctionnement des appareils modernes. De là à les considérer comme de nouveaux dieux? Nous avons, à mesure que la technologie répondait à nos besoins, développé le besoin de technologie au point d'oublier les gestes de base, ceux qui nourrissent, qui soignent ou qui créent… Toujours plus de technologie, toujours moins d'autonomie… et d'emplois! Nous sommes devenus les esclaves de la techno-science, vulnérables à la moindre défaillance. Que se passera-t-il en cas de virus informatique? Comment ferons-nous sans pétrole?

Toujours prêts à accueillir les nouveautés, nous nous révélons également incapables d'en mesurer la

« valeur d'usage » ainsi que les conséquences de leur utilisation. Le four à micro-ondes a révolutionné la manière de (ne pas) cuisiner, mais il modifie la structure moléculaire des aliments… Les voitures hybrides consomment moins d'essence, mais sont deux fois plus polluantes à construire et à recycler (deux moteurs !) Les ampoules fluocompactes économisent de l'énergie, mais renferment du mercure… Les portables rendent service, mais nous saturent d'ondes et de sonneries…

De l'amiante au nucléaire en passant par les hormones de croissance, la peinture au plomb ou les pesticides, on ne compte pas les technologies « prometteuses » qui se sont révélées catastrophiques pour la santé humaine. Des nanotechnologies aux OGM, en passant par certains additifs alimentaires ou médicaments[66], on ne compte pas les dangers potentiels que les docteurs Folamour font continuellement peser sur l'espèce humaine.

Finalement, le progrès technologique n'a pas grand-chose à voir avec le « développement de la civilisation ». Il l'accompagne parfois, génère beaucoup de confort, nous dispense d'énormément d'effort mais nous déconnecte aussi de notre nature et fait peser un risque énorme à la vie dans son ensemble. À coup de pollution ou de guerre atomique, nous avons la capacité de détruire plusieurs fois notre planète. Est-ce vraiment cela le progrès ?

Le temps de la réflexion…

Comment se libérer du prêt à penser et des préjugés ? La meilleure chose à faire serait évidemment de multiplier ses sources d'information et de privilégier les livres aux quotidiens et la lecture à la télévision. Nous avons moins besoin d'information en continu ou en boucle que d'information pointue et en ligne droite !

Nous devrions aussi étudier les publications spécifiquement contraires aux idées les plus répandues. Le monde encense la croissance ? Quelques exemplaires du journal *La Décroissance* ou *Le Sarkophage* réveilleront nécessairement les neurones… La médecine alternative est ridiculisée ? Procurons-nous *Pratiques de Santé*. L'écologie est manipulée par les industriels ? Direction *L'âge de faire* ou *Silence* ! Les enfants sont les premières victimes ? *Grandir Autrement* fournira de nombreuses pistes au naturel…[67]

Voyager ou rencontrer des personnes « différentes » ou « hors normes » (les mendiants, les marginaux, les *objecteurs de croissance*, etc.) sera une autre manière de relativiser ses jugements, pour autant que l'on arrive à écouter.

Votre avis est-il vraiment le vôtre ? Avez-vous vraiment pris le temps de la réflexion et des idées personnelles ? Plutôt que de nous laisser entraîner par le flot continu des idées « pré » conçues, rejoignons régulièrement la berge et mettons par écrit ces questions existentielles ou d'actualité. « L'accès au bonheur et sa pérennité dépendent de la capacité de chacun à donner de l'espace et du temps à sa réflexion intelligente par rapport à ses idées toutes faites», insiste Christian Boiron.[68]

Commençons par interroger le progrès... Quelles seraient selon vous, au cours de ces trente dernières années, les technologies ayant permis une véritable «amélioration de la vie» et pourquoi. Interrogez-vous notamment sur les modifications du comportement et les conséquences sociales, économiques et écologiques dues à l'usage de ces technologies. Une fois votre liste établie, testez-la sur un moteur de recherche en tapant «danger» devant chacune de vos trouvailles et étudiez les résultats. L'amélioration est-elle supérieure aux «effets secondaires»? Y aurait-il des alternatives moins dangereuses? L'objectif de cet exercice n'est pas de vous stresser ou de vous amener à penser que *c'était mieux avant* mais de vous inviter à la vigilance: notre futur dépendra de nos décisions du présent!

Souhaitez-vous **vraiment** faciliter votre réflexion? Alors balancez donc votre téléviseur! Abandonner la télévision, c'est faire le choix de la qualité de vie personnelle sur la quantité de vies visionnées, de la sérénité sur la violence, de l'action sur la passivité, de la responsabilisation sur la victimisation, de la consommACTION sur la CONsommation, de l'épanouissement sur l'abrutissement, du temps maîtrisé sur le temps subi, de la communication sur la *CONmunnication*...

Le temps passé devant la télévision ne cesse de croître, son pouvoir est réel, son impact important. Nous en sommes dépendants. La télévision nous influence quotidiennement dans ce que nous sommes, pensons, faisons [...] Le pouvoir des médias est d'autant plus insidieux qu'il est caché et qu'il s'adresse également à l'inconscient [...] La plupart des êtres humains vivent de manière virtuelle en s'identifiant aux images, aux stars et aux scènes qu'ils voient à la télévision. Ils se laissent voler leurs vies.

Dalaï-Lama[69]

Retrouvez votre vie. Retrouvez vos idées. Retrouvez votre liberté. Levez-vous et éteignez votre télé ![70]

Conclusion

L'obsession de la performance va naturellement de pair avec l'obsession de croissance du système capitaliste. Le développement individuel ne se mesure-t-il pas en grande partie à l'aune de la productivité, du salaire, de la consommation ? La crise du système financier et l'entrée des économies occidentales en « croissance négative » (*sic*!) aurait pu être l'occasion de changer de paradigme. Dès 1972, le roi du Bhoutan suggérait ainsi de remplacer la notion de Produit National Brut (PNB) qui mesure la quantité de « richesse » produite, par celui de Bonheur National Brut. Or, selon cette dernière mesure, si l'on soustrait les coûts écologiques et sociaux du calcul du PIB classique, nous serions en décroissance depuis les années soixante-dix.[71]

Impensable pour les tenants du libéralisme ! Officiellement, nous subissons toujours la tyrannie du TINA : *There Is No Alternative.* (Il n'y a pas d'alternative.) Le système étrangle et déshumanise le monde mais, au moindre signe de vacillement, l'État s'empresse de le secourir. Ce serait cela ou le chaos. Des milliers de milliards de dollars ont donc été trouvés pour soutenir un système financier irresponsable. Combien pour la faim dans le monde ?

Ces choix indécents nous mettent mal à l'aise voire en colère mais que pouvons-nous faire ? Eh bien pourquoi pas arrêter de *jouer le jeu* et remplacer la notion de performance par une valeur plus en rapport avec notre nature ?[72] Nous ne sommes pas obligés de serrer la « main invisible du marché ». Nous ne devons plus accepter de lui faire l'aumône !

Le système nous parle de profit et de rentabilité ? Répondons par le partage et la solidarité. Le système nous pousse à aller toujours plus vite ? Retrouvons le contrôle de la lenteur. Le système tourne à l'avidité et ceci grâce à notre consommation ? Devenons adeptes de la simplicité volontaire. « La modération est la santé de l'âme », selon La Rochefoucauld, mais c'est aussi le meilleur moyen de dépasser les manipulations. Afin de ne pas subir de plein fouet les conséquences des politiques menées depuis des décennies, décider de changer consciemment de voie pourrait être la meilleure hygiène possible. Agir plutôt que réagir !

« La véritable force est celle que nous exerçons à chaque instant sur nos pensées, nos sentiments, nos actes », disait Morikei Ueshiba, le fondateur de l'Aïkido. Voilà bien le seul endroit où l'accumulation de richesse est bénéfique : notre esprit ! Le moment est peut-être venu de se libérer des mythes et d'accéder à une réflexion « supérieure », c'est-à-dire véritablement individuelle. Le moment est peut-être venu de passer du développement au contentement personnel…

Notes

1 Patrick Jean-Baptiste, « Faut-il brûler Darwin ? », *Sciences et Avenir*, novembre 2004, p. 58-66.

2 La critique porte ici sur l'idée d'une loi de la jungle appliquée au social et non sur la théorie de l'évolution elle-même, battue en brèche par les différents courants créationnistes.

3 « La pauvreté diminue, mas l'exclusion croît », *Le Point n°1793*, 25 janvier 2007, Jérôme Cordellier, p. 28.

4 *La solidarité chez les plantes, les animaux, les humains*, Jean-Marie Pelt, Fayard, 2004.

5 Patrick Jean-Baptiste, *op. cit.*, novembre 2004, p. 58-66.

6 Hervé Ratel, « 100 milliards de neurones et 5 idées reçues », *Sciences et Avenir*, mai 2004, p. 56.

7 Eléna Sender et Patrick Jean-Baptiste, « Améliorer son cerveau », *Sciences et Avenir*, mai 2004, p. 46.

8 Emmanuel Monnier, « *1 étudiant sur 5* se dope avant les examens », *Science et Vie*, juin 2002, p. 98-101.

9 Marlo Morgan, *Message des hommes vrais au monde mutant*, J'ai lu, p. 106. Un livre sur la sagesse d'un peuple pourtant décrit par les premiers explorateurs

occidentaux comme « le plus primitif et le plus misérable à la surface de la terre ». Les hommes vrais, ce sont les aborigènes et plus précisément les membres de la tribu Wurundjeri d'Australie. Les mutants, ce sont nous, les occidentaux qui avons *muté* jusqu'à ne plus écouter notre nature…

10 John Welwood, *Pour une psychologie de l'éveil*, La table ronde, 2003, p. 125.

11 Dale Carnegie, *Comment se faire des amis*, Hachette, 1990. Un livre écrit en 1936 et qui mérite mieux que son titre racoleur.

12 Anthony Robbins, *Pouvoir illimité*, Éditions Robert Laffont, 2003, p. 364.

13 Ondile Millot, « Faux remèdes pour vraie demande », article paru dans *Libération*, 14 avril 2003. Cité par Thierry Melchior, *100 mots pour ne pas aller de mal en psy*, Les empêcheurs de penser en rond, 2003, p. 442.

14 Jacques Gaillard, *Des psychologues sont sur place*, Mille et Une Nuits, cité par le magazine *Marianne*, 8 décembre 2003 : « Enquête sur le business psy », p. 64.

15 Michel de Pracontal, *L'imposture scientifique en dix leçons*, La Découverte, 2001, p. 52.

16 Étude citée par David Servan-Schreiber, *Guérir*, Robert Laffont, 2003, p. 28. On peut être perplexe vis-à-vis de ce type de calcul : car si l'intelligence n'est pas mesurable, qu'en est-il alors du succès ou du bonheur ?

17 Dans mon ouvrage *L'alchimie du succès*, Dangles, 1997.

18 Charles-André Aymon, Éditorial « Gloire aux faibles », *GHI*, 6 août 2008.

19 Georges Golbérine, « Dopage : toujours plus ! », *Sciences et avenir*, avril 1997, p. 63.

20 Denis Riché, « Le calcium venu de nulle part... », *Sport et Vie*, sept.-oct. 2000, p. 53. Au-delà de 60 à 80 kilomètres chez les femmes.

21 Dr Patrick Laure, « Athlètes en voie de disparition », *Sport et Vie, op.cit.,* p. 47.

22 Interview réalisée par Luc Beurnaux, « Une vieille dame encore jeune », *Sport et Vie, op.cit.*, p. 51. Elle effectuait entre 25 et 28.000 kilomètres de vélo par an. « Le problème, c'est que les médecins fédéraux ne sont pratiquement plus là pour soigner les coureurs, mais pour les accompagner dans la performance. », dénonce-t-elle.

23 Fabrice Moth, « C'est Mozart qu'on assassine », *Sport et Vie,* n°67, juillet-août 2001, p. 22.

24 *Science et Vie*, décembre 2003, p. 25.

25 *Sciences et Avenir*, février 2005, p. 3.

26 Philippe Godard, « Les OGM, une avancée vers un humain génétiquement modifié ? », *Le Sarkophage*, 17 janvier 2009, p. 12.

27 Voir mon conte philosophique *Le mendiant et le milliardaire*, Éditions Jouvence, 2007.

28 Lie Tseu (Lie Zi), *Traité du vide parfait*, Albin Michel, 1997, p. 53.

29 Le message d'Épicure est généralement caricaturé en vulgaire hédonisme consumériste. Voir la section philosophie du site www.lemendiant.fr pour plus de détails.

30 Michel Onfray, *Cynismes*, Grasset, 1990, p. 130.

31 www.creatifsculturels.fr

32 « La société est la caverne, la sortie est la solitude », Simone Weil, *La pesanteur et la grâce*, Pocket, 1993. L'allégorie de la caverne est présentée dans le livre VII de *La République* de Platon : il est souvent plus confortable de se bercer d'illusions, enchaîné dans son petit confort, que d'affronter la lumière…

33 Marc Fisher, *Le millionnaire,* Pocket, 2000.

34 Marlo Morgan, *op. cit.*, p. 164.

35 Carl Gustav Jung, *L'âme et la vie*, Buchet-Chastel, p. 185, cité par Anselm Grün.

36 Anselm Grün, *L'art de vivre en harmonie*, Albin Michel, p. 130.

37 Bo Lozoff, *La vie vaut la peine d'être vécue*, le Jour Éditions, 2003, p. 40. Au-delà de la question des rêves, cet auteur a bien évidemment raison !

38 Interview de Maud Fontenoy, *Le Figaro*, 17 avril 2004.

39 Proverbes, 29, 18.

40 L'Ecclésiaste, 7, 12.

41 Constatation faite notamment par Sœur Emmanuelle.

42 Alain, *Propos sur le bonheur*, XLII, Agir, Gallimard, p. 103.

43 « Le monde est devenu un vaste casino [...] Partout, la spéculation est favorisée par le crédit puisqu'on peut acheter sans payer et vendre sans détenir. » Maurice Allais, *La crise mondiale d'aujourd'hui*, Clément Juglar, 1999.

44 Thierry Ribault, « L'argent à l'agonie », *Le Sarkophage*, 17 janvier 2009.

45 www.sol-reseau.coop
Les adhérents du réseau SOL défendent des valeurs éthiques, sociales et solidaires. Le système favorise également les échanges de services.

46 En France, le coût d'un revenu inconditionnel de 600 euros par adulte (niveau du seuil de pauvreté) et de 200 euros par mineur s'élèverait à 380 milliards d'euros par an. Or, 500 milliards d'euros sont déjà consacrés au financement de la protection sociale (Baptiste Mylondo, « Face à la crise, peut-on payer les gens à ne rien faire ? », *Le Sarkophage*, 17 janvier 2009). Le revenu universel devant se substituer aux aides actuelles (plus ou moins discriminantes) et être lié à l'impôt sur le revenu (pour ne pas inciter à l'inactivité), un peu d'imagination permettrait de le financer. Instaurer un revenu maximum, par exemple ? « Qui veut faire quelque chose trouve un moyen. Qui ne veut rien faire trouve une excuse », dit un proverbe arabe…

47 Patrick Viveret, auteur en 2002 d'un rapport intitulé « Reconsidérer la richesse » pour le Secrétariat d'État à l'économie solidaire (« Repenser la monnaie », *L'âge de faire*, septembre 2007).

48 Bel exemple d'oxymore (expression qui rapproche deux termes inconciliables) ! « Ainsi, l'" agriculture raisonnée " ou la " moralisation du capitalisme " n'ont pour but que d'enfumer les esprits, et de différer les mesures cruciales. » Jean-Luc Porquet, *Le Canard enchaîné*, 18 mars 2009 à propos du livre de Bertrand Méheust, *La politique de l'oxymore*, Les empêcheurs de penser en rond.

49 À l'occasion d'un comité central d'entreprise, *Marianne*, 9 mai 2007.

50 Sur les manipulations alimentaires, voir mon conte gratuit, *Bon appétit !*

51 Pascal Bruckner, *L'euphorie perpétuelle*, Poche, 2002, p. 86.

52 Alain, *op. cit.*, LXXIII, Bonne humeur, p. 168.

53 Arnaud Desjardins, *Les chemins de la sagesse*, La Table Ronde, 1999, p. 129.

54 Voir mon livre *L'alchimie du succès,* éd. citée.

55 Voir mon livre *Les clés du bien-être,* Jouvence, 2009.

56 En l'occurrence, le *Petit Larousse Illustré*, 1985.

57 Bob Baer, « Le renseignement en ruine », *Figaro Magazine*, 3 juillet 2004.

58 *Le Papalagui, les étonnants propos de Touiavii, chef de tribu, sur les hommes blancs*, Pocket, 2004, p. 109-111. Les « mille papiers » désignent les journaux.

59 Frédéric Ploquin, « Ces innocents exécutés avant procès », *Marianne*, 18 septembre 2004, p 68.

60 Entretien de Dominique Simonnet avec D. Wolton, « Le monde n'est pas un village », *L'Express*, 24 avril 2003, p. 100.

61 Recherche effectuée sur Google « web » le 26 mars 2009.

62 Éric Dior, « Ils se prennent pour les maîtres du pouvoir médiatique », *Marianne*, 16 octobre 2004. Voir aussi le film *Outfoxed* de Robert Greenwald sur les méthodes de *CBS News* pour faire passer son information.

63 *Le Canard enchaîné*, 12 décembre 2007, p. 7.

64 Sœur Emmanuelle, *Vivre, à quoi ça sert*, Flammarion, 2004, p. 116.

65 La majorité des 120 000 restaurants français « ne font que remettre en température, au micro-ondes ou au bain-marie, des produits industriels », *Le Canard enchaîné*, 4 février 2009. Reste la minorité…

66 Il y aurait en France 140 000 accidents médicamenteux (effet iatrogène) et de 12000 à 18000 morts par an. Selon l'OMS, les médicaments seraient, selon les pays, entre la quatrième et la sixième cause de mortalité ! Voir mon conte écologique gratuit *De l'air!*

67 Au niveau de la presse « traditionnelle », *Le Canard enchaîné* reste un incontournable…

68 Christian Boiron, *La source du bonheur est dans notre cerveau*, Albin Michel, 1998, p. 108.

69 Catherine Barry, *Sages paroles du Dalaï-Lama*, J'ai lu, 2002, p. 129-130.

70 Ne vous en faites pas : comme vous ne serez qu'une minorité à suivre ce conseil « radical », vous pourrez toujours trouver un poste allumé quelque part pour suivre la rencontre sportive ou l'émission indispensable à votre bien-être. Mais croyez-moi d'expérience : il y en a finalement assez peu…

71 Un calcul de ce type a été effectué pour la société américaine pour la période 1950-2000. Alors que le PIB par habitant triple sur la période, l'Indice de Bien-Être Soutenable s'écroule à partir du milieu des années soixante-dix ! Denis Baba, *La Décroissance*, mars 2004.

72 Oui mais laquelle ? À chacun de répondre en fonction de sa situation, afin de ne pas remplacer une tyrannie par une autre tyrannie. Quelques pistes toutefois dans mes livres *Le respect de sa nature* et *Les sens de la vie*, voir www.lemendiant.fr

---

Achevé d'imprimer sur rotative par l'Imprimerie Darantiere à Dijon-Quetigny en septembre 2009 - Dépôt légal : septembre 2009 - N° d'impression : 29-1188

Imprimé en France

IMPRIM'VERT
Votre imprimeur agit pour l'environnement

Dans le cadre de sa politique de développement durable, l'imprimerie Darantiere a été référencée IMPRIM'VERT® par son organisme consulaire de tutelle. Cette marque garantit que l'imprimeur respecte un cycle complet de récupération et de traçabilité de l'ensemble de ses déchets.